法律哲学概论

[美]威廉·欧内斯特·霍金 著

费青 译

Present Status of
the Philosophy of Law and of Rights

天津出版传媒集团

天津人民出版社

图书在版编目（ＣＩＰ）数据

法律哲学概论 / （美）威廉·欧内斯特·霍金著；
费青译 . —— 天津：天津人民出版社，2023.8
ISBN 978-7-201-18985-7

Ⅰ . ①法… Ⅱ . ①威… ②费… Ⅲ . ①法哲学 Ⅳ .
① D90

中国版本图书馆 CIP 数据核字 (2022) 第 248671 号

法律哲学概论

FALÜ ZHEXUE GAILUN

［美］威廉·欧内斯特·霍金 著　费　青 译

出　　版　天津人民出版社
出 版 人　刘　庆
地　　址　天津市和平区西康路 35 号康岳大厦
邮政编码　300051
邮购电话　（022）23332469
电子信箱　reader@tjrmcbs.com

责任编辑　岳　勇
特约编辑　张素梅　王亚松
封面设计　王　鑫　李雅楠

制版印刷　大厂回族自治县德诚印务有限公司
经　　销　新华书店
开　　本　787 毫米 ×1092 毫米　1/16
印　　张　13
字　　数　125 千字
版次印次　2023 年 8 月第 1 版　2023 年 8 月第 1 次印刷
定　　价　69.00 元

前　言

　　法律哲学也可以称为"法理学""法理论"，是哲学在法律领域的分支。法律哲学研究的是法律现象的共同发展规律，如法律的本质、法律的作用、法律的价值等。

　　本书分为两部分，主体部分是美国哲学家威廉·欧内斯特·霍金创作、费青翻译的《法律哲学概论》，附录部分是若干篇费青创作的与法律相关的文章。

　　威廉·欧内斯特·霍金毕业于哈佛大学，并长期在哈佛大学担任哲学教授，思想深受康德、黑格尔等人影响。他不是法学家，而是一位哲学家，但是他"有一个极端清晰的头脑，他更敢用这个头脑去思维一般非法学者所不敢尝试的法学问题"，他创作的这部作品能使非法学专业的人知道怎样去思考法学问题，也能鼓励学习法学的人，充分运用灵活的思维，解决法学问题。正是看到了这部作品如此广泛的价值，费青便率先将它翻译、介绍到了中国。

费青是中国法律领域的先行者，对中国的法学教育和法制建设做出了重要贡献。1934 年，费青考取公费留学资格，赴德国柏林大学法学院学习国际私法。回国后，在西南联大、复旦大学、北京大学等校教授法律。1952 年参与创建中国政法大学的前身——北京政法学院——，并担任教授。费青著有《法理学概要》《西方法律史》等作品，《法律哲学概论》是他较有代表性的译著。

霍金的原著名为 *Present Status of the Philosophy of Law and of Rights*，1937 年，费青在会文堂新记书局出版了本书译稿，书名直译为《法律哲学现状》。本次出版，我们对译稿重新进行了精校，为了避免读者产生时代的误解，同时也为便于读者理解，将书名更加直观的译为《法律哲学概论》。费青的文稿在字词使用和语言表达等方面具有鲜明的时代特色，此次出版，参考早期版本进行编校，文字尽量保留原貌，编者基本不做更动。

正如费青所说，"我们所以读法律哲学者，并不是在学到它们的结论，而是在学到他们怎样去运用思维"，这一见解对今天的读者——无论是否为法学专业人士——仍具有重要的启发意义。希望广大读者能够从这本书中得到启迪，收获知识。

由于编者能力有限，本书难免存在不足，请读者朋友不吝指正。

目 录

附　录

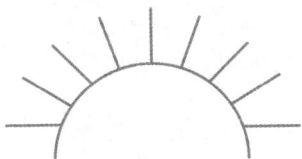

著者原序

从只负有服从义务的人看来，法律确然是主权者的命令。但在主权者方面，若是对于所应命令的事物感到难于决定时，这样一个法律解释就绝对不能给他以希望和指导。在近代国家的分裂的主权下，尤其是在现时的极速的社会进步中，法律除了顾到历史和先例，更须顾到将来；除了顾到"现实的"，更须顾到"可能的"和"正当的"。在这里，我们若是有一个哲学，得为法律所应用，则法律一定能够很好地应用它。

自然权利哲学曾因了洛克（Locke）[1] 及其后继者的努力，

---

[1] 约翰·洛克（John Locke，1632—1704），17世纪英国启蒙思想家、哲学家、经济学家。与乔治·贝克莱、大卫·休谟一起被列为英国经验主义（British Empiricism）的代表人物。著有《论宽容》《政府论》《人类理智论》《教育漫话》等。——编者注

在英美盛极一时；它确曾给我们以不少的助益。但也不免带来了一些流弊。到了现在，它已不复能做我们的向导了。欧洲的形而上学派法学者，在过去已给我们不少帮助，在最近新人物的著作中——现在大部分已有英译本——他们还能给我们很多的贡献。真实的事物原是永远真实的。一个伟大思想家是永远不会过时，并且永远不会为国界所限。但是在我们自己，却必须在自己所固有的基础上，建筑起我们自己的思想。我们苟想把不同地域和不同时代的法律哲学家的著作，和我们自己法律哲学家的著作，以及我们自己所有问题，发生有用的关系时，必须先做一番诠释的工作。

在此种诠释工作里，一个未习过法学的哲学者的思维或能有些微的贡献，若是研究法学的人能来半途相迎。在此项努力上，著者得和庞德教务长（Dean Pound，Roscoe）[1] 在 1920 至 1921 年及 1925 至 1926 年的哈佛大学哲学系的讨论班上，互相合作，实曾获得不少益处。内中第二期的讨论班在著者尤感兴味，它是一个教育方法上的试验。在大部分的讨论期间，我们两人都出席。在这两个半年内，我们轮流着提出论文题或讨论题，并且贡献意见或参加讨论。著者相信这样的用谈话方式来

---

[1] 罗斯科·庞德（Roscoe Pound，1870—1964），美国法学家，曾在内布拉斯加大学、西北大学、芝加哥大学、哈佛大学任教，著有《社会学法学的范围和目的》《法制史解释》《法与道德》《通过法律的社会控制》《法理学》等。——编者注

直接交换意见，使各种不同的方法互相补益。各人的内心得到交流，在学生们一定也受到很多益处，像我自己得益一样。对于本论文内任何未成熟的见解，以及它的理论上的倾向，庞德教务长当然是不负责任的。但著者相信：他必须接受著者对他的巨大助益所致的谢忱。

这本小册是一个较大体系的一部分，这体系就是现在印刷中的《人及国家》一书——这书是对于政治生活的哲学概论和心理学。缺少了法律哲学，讨论国家的哲学，就不能算完璧。本论文是著者所认为在该区域内的指导原则的概述。著者希望将来能再阐发这些理论，以成一本论权利——人和国家的权利——的整册；更希望在该较完全的研究中，能得到对于本书批评者的助益。

霍金序于麻州康桥[1]

---

[1] 即现马萨诸塞州坎布里奇。——编者注

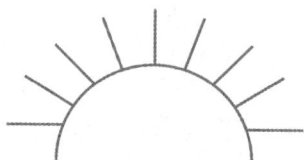

前 论

一、过去的成就

当人们认为法律是直接由神所创制时，凡建议修改法律的人，必须是一个勇敢的先知。依此说法，则现在我们西方人士一定自信都具有先知的能力，因为无论何地，都正在很愉快地和赶速地创制着法律。

在此项创制法律的艰巨工作中，神愈卸脱他的责任，人就愈需要神的智慧——对于立法原理的智慧。并且，此项智慧苟已普及全人类，而诚实地应用，则负有立法职司的人亦将因之减轻负担。所以，从任何一方面讲：我们对于现有的含糊和片段的立法原理，正应当努力获得有系统的了解。

为节省精力计，我们得选择几个人物，他们一方面已结束了过去，他方面却已指出了现在和将来的问题的所在。在这里，我们得特别提出现代德国法学中的两个巨擘：柯勒（Josef Kohler，1919 年任教授于柏林）[1] 和较后的施塔姆勒（Rudolf Stammler）。[2] 说起来很是奇怪，这两位法学者彼此很少提及过——柯勒在他的《法律哲学读本》（*Lehrber der Rechtsphilosophie*，1909 年）的卷首仅简短地把施塔姆勒驳斥了。[3] 施塔姆勒则多在论及黑格尔（Hegel）时间接说到柯

---

[1] 约瑟夫·柯勒（Josef Kohler，1849—1919），德国法学家，新黑格尔主义法学派首创人，曾任法官多年，后在维尔茨堡大学、柏林大学任教。曾主编《法哲学和社会哲学杂志》，著有《法学导论》《法律哲学读本》《法的起源》等。——编者注

[2] 鲁道夫·施塔姆勒（Rudolf Stammler，1856—1938），德国法学家，德国新康德主义法学派代表人物，自然法理论的重要代表，与约瑟夫·柯勒同为德国法哲学领域泰斗，马克斯·韦伯、古斯塔夫·拉德布鲁赫、汉斯·凯尔森均受其影响，民国时期著名法学家吴经熊是他的学生。著有《正当法学说》《现代法学之根本趋势》《论历史法学的方法》《经济与法律》《法学理论》《现代的法理论和国家理论》《法哲学教程》等。——编者注

[3] "另一种尝试是发于施塔姆勒。他用康德做出发点，好像黑格尔从未存在过。施塔姆勒承认法律必须变易，所以我们讨论一个完善法律，只能限于纯粹形式方面。这点是与旧有的自然法学派相反对的。对于这形式的法律，施塔姆勒设法表显它是一个出于法律形式的正义体系；这体系从诸种不同的标准，综合而得；这些标准在实质上复系渊源于人类文化的光大发展的事实。但施塔姆勒却认这些标准为个人生活或社会生活的永久不变的确定条件。在这里，施塔姆勒是完全错误了。例如他曾说：在人类文明的任何阶段上，奴隶制度都不能合于正义。这句话实在是荒谬无比。这是从黑格尔的历史立场回返到康德的自然法的非历史的说法的一种退步行动。（转下页）

勒。[1] 所以他们两人学说的比较，不得不俟诸后人了。

但是在法学史上，这两人必就置在一起，因为他们的思想的主要动机是相同的。柯勒《法律哲学读本》序文内的下述一段文字，很可移用于施塔姆勒的任何哲学著作：

"只借着单纯的历史方法，我们将一无所获；仅牢守着应用方面，将使法学思想趋于卑浅；仅仅解释现行法，也是不够的——这几点在现时已是极端明显。"[2]

他们两人都有强烈的形而上学的倾向。两人都深信法律的目的系与人类知识和道德界的其他部分互相关联，所以，我们要明了这一部分，必须先研究它所属的全部。两人都是一种反动：与其说他们是对于前此的法律哲学的反动，不如说是对于一个法律无哲学时代的反动。两人都将自己的见解和德国较早的唯心论相连结；所以他们都斥逐他们的同国人耶林（Rudolf

---

（接上页）我们对于这个整个思想派别，包含新康德派在内，很可以把它完全忘掉，和埋葬了。"柯勒：《法律哲学读本》，第 26 页。关于这书后有注说明。——译者注

[1] 例如在《经济与法律》（Wirtschaft und Recht）一书中，施塔姆勒曾指出辩证法应用于历史的牵强，这点是他和柯勒相同意的。又如在《法学理论》（Theorie der Rechtswissenschaft）一书中，他曾说黑格尔忽略了历史中康德所创形式与实质的区别，所以将"条理的观点"（Systematic View）和"发生的观点"（Genetic View）相混，而历史中的理想原素因之失其应有的重要性（第 550 页）。——这点责难，柯勒一定乐于接受，因他反而认它是一点长处。——原注

[2] Albrecht 氏的英译本，第 43 页（书前部）。本书内所引柯勒《法律哲学读本》均依此。译者按：《法律哲学读本》一书系柯勒于 1908 年在柏林所著。由 Adalbert Albrecht 英译，简称《法律哲学》（Philosophy of law），现编入美国法律学校协会（The Association Of American Law Schools）所发行之《现代法律哲学丛书》（Modern Legal Philosophy Series）内。——原注

von Jhering）[1] 到低级哲学的囚阶——柯勒更用了他出名的火气说："这样可怜的浅薄论，只有像耶林的非哲学的头脑，才能认为满足"。[2]

再进一步，两人虽都驳斥历史学派和他们的实证论的（Positivistic）演述，但同时却和这学派同认为：固定的自然权利论（Natural Rights）已绝无希望，并且认为：用哲学的见地来解释历史，是使法律适应新时代所不可缺少的准绳。两人都是提倡法律"应当如何"（What ought to be）的使徒，使它和法律"现在如何"（What is）及"过去如何"（What has come to be）相区别。但同时他们又都深信：苟不详考法律"现在如何"及"过去如何"，则具体的"应当如何"也就无法得到。

著者认为：我们想对于这两个思想家的共同基础做确当判断，莫如就下述一问题的性质加以较详确的研究：法律所应遵

---

[1] 鲁道夫·冯·耶林（Rudolf von Jhering，1818—1892），德国法学家，被誉为社会法学之父。曾在柏林大学、巴塞尔大学、罗斯托克大学、吉森大学、维也纳大学、哥廷根大学等学校任教。著有《罗马法的精神》《法的目的》《为权利而斗争》《罗马法发展史》《罗马私法的债务关系》等。——编者注

[2]《法律哲学》，第 26 页。施塔姆勒批评耶林称：（一）他认法律必须树一鹄的，这是很对的，但他却没有适当方法来探求这鹄的到底是什么；（二）他错认了权利一概念，以为它是社会为了安全等目的而另外加上去的东西，而实际上它是任何社会组织所本有的，并且它是使社会成为可能时所必需的（这是用康德派的说法）："当耶林定义法律为：'形之于权力的社会主要条件的安全保证'时，他忽视了下列一点，就是：社会并非先已存在，然后再由法律予以安全保证。实际上，社会只是指'合法结合的人民'，所以与其说法律保证社会的安全，不如依一般的术语说，它使社会具有组织。"《经济与法律》第二章，第 486 页。——原注

依的理想或标准，对于法律历史的变易的和相对的事实，究有什么关系？"应然"（What-ought-to-be）怎样有关于"实然"（What-is）。

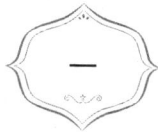

一

任何地点和任何时代的法律，有的是可加批评的，有的是不许批评的。但除了"法律"是不容改良外，法律的"实然"和"应然"间至少必须具有一逻辑上的区别。

这个道理在常识上极其明显，所以和它相反的论调好像绝不会发生，除非因为法律一概念曾经了荒谬的应用，才会引起了这样一个反动。我们觉得很是不幸，自然权利学派竟真的激起了这样一个反动，它使整个世纪的法学家都埋首于过去和现在的法律事实中，以求他们所要得的启示。他们共认为这种启示是绝不能得之于完全不顾历史的理想中的。

现在另一世纪开始了，我们复见常识在抬头。自然权利论者至少在下面一点上是并未错误："法律应当如何"至少是一个正当的问题，甚至于他们所推定：人的意志对此具有几许干系，也是很真实的。但法律哲学已受了一次教训，它不会再和事实分手：历史，相对性，进化，变易，已成为任何信条中的成分。学者间的分野，大部只在他们如何应用此种事实原素于他们的理想罢了。

二

这情形的逻辑是很有趣的。若是我们思维得够彻底，则我们的采用"实然"做标准，或是采用"应然"做标准，这二者间是否尚有最后的歧异点，倒使我们很有些怀疑。

试就最极端的唯实观点说起，我们将在实事中发现下述一点：法律的存在并非为了睡着的人，而是为了醒着的人；换言之，法律是存在于人的意识中，它是存在于立法者的意识中和守法者的意识中。在守法者的意识中，法律具有某程度的强制力——这是一个心理事实。最唯实的实证论者也必须承认：法律的强制力并非只因于法律的存在的一个事实。这位实证论者必须更将探究进一步的事实，例如法律是由进化而来，并且"进化"确有了很好的成绩。他或将结论：在事实上，法律之所以具有强制力，最后乃由于法律的合乎自然。他更不得不承认：当人们干涉着"自然"或是"自然"不得不借着"人"而动作，——例如法律——则"自然"的产物将多少染着具有强制力的"自然德性"；于是"实然"和"应然"的区别，复出现于这件事实里了。

那位实证论者苟一看过去的和现在的立法者的心理，他就不得不承认他们的心理作用是一种意志，这意志在从事立法工作时是具有欲达的鹄的。所以他们所忠实地报告的"现实法"（actual law）若就他们的内心说，实不啻报告诸种不同的心理动机的结果，内中一种就是他们的权利论。并且这些动机更多少具有外界证据。

我们苟顺从极端的"现行法"（existing law）势必接受不变的法律，但这样反将成为对于"现行法"的最大的违犯。因为我们苟极端顺从"现行法"，实在不啻将法律的暂时状态背后的意志力量（effort of will）全部切断。凡一个人想最驯服地模仿一个思想家或实行家，他绝不能仅仅撷拾他们的思想或行为的结果。除非他自己已变成一个思想家或实行家，则他只是一个不真实的模仿者，他对于本欲向往的鹄的，将反而背道以驰，因而得不到所要的结果。

所以，任何立法者苟欲知道应该怎样立法，而我们对他说："须去研究过去和现在的法律"，则这句话自身当然没有什么不对；但我们若是就此为止，则就等于一点没有说。因为他要知道现在和过去的法律，只有先去知道产生此种法律的思想和意志的意义。这些东西是不能得之于有形的事实。唯有借着自己的努力，来懂得它们的真实解释，才能得到。

历史学派曾说：一切法律的最先前提（first premises）都早已存在于一切过去的法律中。著者认为这句话是完全真实的。但这句话的困难却在没有给我们任何指示，或仅给我们以错误的指示。因为我们所要的前提，乃存在于模糊不明的企求（obscure strivings）中；这些前提，除非根据着人性而予以解释，是无从了解和应用的。并且，因为我们反躬观察自身的人性，比了猜度构木为巢的民族所具的人性，或即使罗马人的人性，较为容易和有望，所以历史方法只是一种无甚助益的方法，除非另外具有解释的根源为之指导。

我们不能不顾历史，但也不能完全靠历史。著者认为：这句话是 19 世纪思想在这问题上的唯一贡献，也是柯勒和施丹姆勒的共同立场。

三

然则，柯勒和施塔姆勒间的主要的异点是在哪里呢？这异点是在：他们在决定法律的"应然"时所用以增补历史的独立标准上，实具有不同的见解。

柯勒着眼于历史变易的实际动向；他发现在变易中的任何已开化民族所有生活的每一时期，都具有它的"理想倾向"（ideal tendency）。我们抉取这"理想倾向"，即所以从现有事实本身里寻求次一时期的事实的应然性。

施塔姆勒则设法想使立法者注意于任何社会所共有的某种形式的先决条件（formal preconditions），从而发现几种无往不当的标准（standards which are always valid），但此种标准的援用则须随时变易，所以是一种"内容常在变易的自然法"（natural law with changing content）。

在柯勒看来，施塔姆勒的标准是过于固定，他不啻"对于个人和社会生活竖立几个永久不变的确定条件"，而实际上则此种终极的公式是不可能的。例如施塔姆勒决不同意于奴隶制度曾经合于正义。柯勒则认为这样的拒绝承认历史相对性实在是极端的荒谬。我们很可利用这点对于奴隶制度的不同判断，作为两个哲学家间歧异点的重要试验品，所以我们就请对于他们获得这点不同判断的推理，试一探究；这项工作是很值得的。

四

柯勒是把文化进步（development of culture）的必要性，作为他的推理的出发点。文化发展是人事中最重要的一点。人权（human rights）诚亦重要；但为了当时文化的发展，人权就应退处次要地位。

"我们苟完全从人权的观察，就无从认识奴隶制度在历史发展中的重要性。人权并非对于任何发展均属有益：技术必须进步，全人类必需要工业上的发达。几世纪来这种进步都不免牺牲了人的生命。为了文化而牺牲乃是个人所能为的牺牲中的最高尚的一种，但这也是他所必有的牺牲。"

上述的论据很明白地说明：当柯勒要从德国唯心论的大师中认定一位宗师，他何以选择黑格尔而不选择康德。

黑格尔的形而上学曾给予柯勒以这个信念：理想是包含于任何历史过程中。或更妥当点说：黑格尔的形而上学，对于柯勒的重视历史变易，和他的随地而安的应变本领，给予以理论上的支助。黑格尔使柯勒相信：历史中的真实性是和我们同源的，我们在此须得和它共事，并且设法来了解它。康德和康德的一切著作中，所最不合柯勒的脾胃的，是在康德的二元论（dualism）。康德把经验中的形式（form），从它的实质（substance）里蒸馏去了，好像从一种外来的和无从了知的不合理的物料中蒸馏去了一般。于是他更赋予形式以一种先验的（a priori）性质，使它们固定地控制着一切变易。同时，这些形式却使我们对于真实事物无从知道。柯勒和黑格尔都相信：我们对于支配世界的真正权力的知识，决不容康德所树立的藩篱加以限制；康德俨然以狱吏自命，想独断地限制将来任何形而上学的企图。他们二人都认为：凡足使我们现在能知道我们的"自我"的，亦足使我们知道这大世界的"自我"：并且我们发现：

外界世界的活动，和我们"自我"的活动，在本质上是同一的。

我们每个人都是"无尽中的一霎"（ein Hauch der Ewigkeit），[1]所以，柯勒至少准备和黑格尔同程度地从"昔然"和"现然"里来认取"应然"。

---

[1]《法律哲学》，第19页。——原注

任何社会结构都是理智（reason）和其他事物的产物。这理智不断地在设法实现它所认为的"应然"。这就是黑格尔所谓"实在的必是合理的"（what is, is rational）。但他不说一切"存在的"（exists）都是合理的；而只说一切"实在的"（wirklich）都是合理的。"实在的"所以是合理的，正因为——也是只因为——这句话的另一部分："合理的是实在的"。这就是说：准向着理智的努力必须形之于事实，所以事实中的合理部分才是它的主要部分。例如一个人苟认：现有的财产制度和家庭制度是"错误"的（wrong），这句话在他或许是对的。但他若是说：这些制度是"不正当"的（not right），这样他就错了。因为无论现有的财产制度等在其他方面怎样，但它们总是一种向着理智的努力（efforts to ward reason）。并且，它们是一种具体的努力，不只是空谈。依前一个理由说，它们是绝对正当的。就后一个理由说，它们比任何其他理想之仅为理想者，已高得多多。任何新的制度，逍遥地想来取旧者而代之，是不会"正当"的。它们要成为正当，须在已成了"实在的"（wirklich）之后；这就是说，须在它们和世界上正在行动中的活理智和良心已经发生了关联之后。

黑格尔认为：一切法律必须是实现的（positive），一切哲学必须建筑于事实上，乃是就这个特殊意义而言的。

但是在奴隶制度的判断上，柯勒却比黑格尔还进一层。黑格尔认为奴隶制度曾同时是"错误的"和"正当的"。这制度若是从主人和奴隶两方面讲，都是"错误的"，因为两方都接受了"奴隶"这一名词的错误定义，这定义是：奴隶是一个具有意识（con-sciousness）但没有"自我意识"（self-conscious-ness）的东西，所以缺乏自制的能力。这制度也是"正当"的，因为在某一发展过程中，少数人已具有自己主张自由的精神时，它是一个足使这种精神普及于一般人的唯一方法。凡已经具有此种精神的人，就负有必须使用此种精神的责任，使用时就得压服他人。这时众人方面就应知道：要想获得自由，必须先自否认自己是奴隶。[1]

在黑格尔看来，在任何时期，有一个比个人自由更为重要的东西，这就是较大自由的一般条件。在柯勒看来，凡工业的急需，苦役的久重训练的必要，技术上的关系，都够使个人为之屈服。对于施塔姆勒所制定的固定公式，柯勒则代之以进步时所需要的变化的要件，作为法律的准绳。"法律的条件就是文化的条件"。[2]

至于柯勒所谓文化或文明，究有什么特殊意义，我们当在下面研究。现在先看看施塔姆勒对于奴隶制度一问题如何说法。

---

[1] 黑格尔：《权利哲学纲要》（*Grundlinien*），第五十七节注及增文。——原注
[2]《法律哲学》，第 58 页。——原注

❧ 二、施塔姆勒的标准 ❧

五

　　施塔姆勒在他的《法学原理》（*Theorie der Rechtswissenschaft*）一书中曾讲到奴隶制度。这书是 1911 年出版，较柯勒的《法律哲学读本》迟二年。

　　施塔姆勒在这书里注意到，[1]"某某作者"（Einzelne Schriftstelle）曾和特里希克（Treitschke）[2] 同样地主张：奴隶制度的成立，实表示文化上一个进步。但施塔姆勒则认为：这种主张蓄奴比杀戮俘虏较为正当（more rightful）的理论，实在是一种思维上的错误，因为这两种办法都缺少了"正当性"。

---

　　[1] 第 545—550 页。——原注

　　[2] 现译特赖奇克，海因里希·冯·特赖奇克（Heinrich von Treitschke，1834—1896），德国历史学家，普鲁士学派的代表人物之一，著有《政治学》《普鲁士主义的起源》《十九世纪德国史》，其中《十九世纪德国史》曾被德国反动势力用来鼓吹沙文主义和军国主义。——编者注

施塔姆勒的这种说法，并非否认奴隶制度得为进向"正义法"（Rightiges Recht）的可能性中的一个阶段，或甚至是一个必需的阶段。但是这两个办法中没有一个能称为合于正义的办法，因为存在于二个意志的关系中的"正义"（Right）乃暗示一种"自愿团体"（community of willing）的存在。当"自愿"完全只在一方面时，就不能成为"团体"，所以不能合于"正义"。我们说：两个意志互相束缚在一个义务的团体中，而内中一个却被视作没有参与；这是一种矛盾的措辞。所以，自历史的见地说，主奴关系或已达到了正义的门限，但正因它尚在门限，所以尚没有进入正义的室内，——它正指示出适用"正义"的形式上的极限。至此为止，若是我们接受施塔姆勒的原则，就是：没有"意志团体"（community of wills），就没有正义；则他的论据似极合逻辑。黑格尔和柯勒则倾向于把一个事态的所产物来做该事态的辩护理由。他们认为：我们苟能从一个事态的所产物里获得正义，则原始的正义必早就存在于该事态里了。但施塔姆勒握了"意志团体"的准绳，认为这种说法不啻自认正义阶段尚未达到。至于诉诸工业效能或政治力量的需要，则我们一方面诚然承认它们是很重要的目的，但适因它们是特殊的和具体的，所以不能具有绝对的真实性。它们自身也须用"自由意志者的团体"（community of free-willing men）的最后标准来衡量。

六

　　但施塔姆勒的结论，认为"自由意志的团体"一理想是绝对标准，究竟怎样达到的呢？并且在立法的普通应用上，这个标准究能达到些什么？

　　著者所见到的施塔姆勒对他自己的基本主张所为最清晰，也是最新近的说明，是 1918 年在柏林所发表的关于蒙坦维尔的《蜜蜂的寓言》（*The fable of the Bees*）[1] 的演说。在这篇公开演说里，施塔姆勒用最简明的方法来说明他多年研究的结果，尤其是注重于他的学说里的基本原则。现在将他的论据，重述于此。

　　蒙坦维尔《寓言》的所以动听者，乃因我们都认为我们得借观察来知道一个社会的盛衰，并且我们都轻率地接受蒙坦维尔的如下的默示假定：一个特质上繁荣的社会即是一个满足各

---

　　[1] 蒙坦维尔（Bernard de Mandeville，1670—1733）是一个英国哲学家。他的主张曾被当时人认为乖僻败俗。他认为"德行"（virtue）实有碍国家在商业上及知识上的进步（所谓"德行"，他定义为：人的违反自然冲动，而以道德理智作根据的一切"利他的"及"自抑的"行为），只有"恶行"（vices）或自私行为，才能借奢侈生活所需要的发明和资本流动，来促进社会的活动和进步。蒙氏最著名的著作就是那篇《蜜蜂的寓言》（*The fable of the Bees*，1705 年初版，1729 年再版，以后复重版了好多次）。在该寓言中，他举示一个具备一切"德行"的"自足和诚实"的社会，终沦于活力消竭而至于完全麻痹。他的结论是："私人的'恶行'乃是公众的利益"。——译者注

分子的意志的社会。但这点动听之处，也就是它的错误之点。对于蜜蜂社会的第一种状态，就是：各分子的罪恶和贪婪助成了公共财富和权力，我们不能立即承认它是完全美善的。并且它的第二种状态，就是：因为各分子的谦逊和责任心而使社会渐趋衰败，我们也不能认之为完全恶劣的。我们苟求彻底的推论，则对于国家的美善状态必须另有一个标准。

我们苟一加思索，就会觉得上述第一个状态中的财富和权力，和第二个状态中的克己主义，都显然不具绝对价值，它们都不成为健全状态，至于个人的无限制的自由 [这是罗素（Bertrand Russell）直到现在还推崇为一切政治的善的首要点] 是绝不能成为一个确定的标准的，因它和一切法律及秩序所需要的制裁正相冲突。最大多数的最大幸福也不能适用，因为实际上并没有这样一个东西——所谓"最大幸福"的假定量并没有一个主体；既没有主体，则该假定量也就不能存在。凡一切目的，含有一个虚构个体的幸福，例如社会的幸福，都不免如此。认"社会"为具有真正人格一概念，乃是一种"致命的近代神话"（Fatale Moderne Mythologie）。社会本身既没有感觉，所以法律和政治的努力决不能把它当作目的。

我们要寻一个真实的标准，必须先想想一个社会，就要素上言，究竟是一个什么东西——它是一种意志的结合（Verbindung）。这些意志，苟没有结合，就要互相冲突；各个人都认自己的目的最为重要，而认旁人只是他达到该目的的工具；但旁人也同样地认他是工具，所以这些特殊目的显然不能因其存在或发生而拘束他人，更不能拘束全体。

反之，任何足以拘束全体的目的，必须避免属于一分子或一派别的利益的特殊性。但当我们已把一切具体的和范围小的目的摒斥后，此外还能剩下些什么呢？所剩下来的目的苟不能做到特殊目的所不能做到的事情，就是：把一切私人的目的都从属于社会的需要，则我们所需要的结合（Verbindung）就不会实现。我们必须视该结合系在我们之上，好像习惯、风俗甚至武力似的压着我们。但这些武力和习惯等的渐占势力，大部分是因它们潜取了正式的最终目的的地位，而披上了该最终目的的外衣，所以很多部分是非真实的。它们并不是真正具有拘束力的东西，只是具有拘束力者的象征而已。我们只能说：它们和真正具有拘束力者大致相似。然则那些真正具有拘束力的东西究竟是些什么呢？

施塔姆勒的答案是很武断的。他达到这个答案的理由，只是驳斥一切其他答案，而不能证明他自己的观点的必要性。他的答案是如下：凡足为一切可能企求（Striving）的绝对真实标准（Richtmass）的，只是一种纯粹形式的指导方法，形成一个理想上的目的，来作为我们下判断时的准绳（第 27 页）。每个个人必须承认（也是事实上所多少承认的）：他自己的特殊目的是特殊的，所以不是绝对真实的。各人必须设想一种情状，在此情状下，他能避免那些偏见的蔽障，而准向着他的"粹化意志"（Purified Will）所企求的一个完全正当和绝对必需的目的。若是全体已经达到了"意志粹化"（Willensreinheit）的理想状态（像我们大家所隐约地承认的），则实现社会联立性（Social Solidarity）的工作已就能像理想般简单化了。因为各个人除了受到团体利益的限制外，将不把任何分子作为工具。这样一个社会就成为一个"自由意志者的团体"。这样一个"纯粹社会"（Reine Gemeinschaft）的理想乃是多少不自觉地拘束着每个实际意志的理想，并且构成该理想所承认的在社会制裁的具体事件中的正义原素。

七

我们若是把施塔姆勒的冗长的措辞加以扩清，则它的含义好像有些空虚，空虚得有些顽固。依他的意思，社会的真实目的乃在社会的存在，或是：社会要达到正义，除了做到"团体"或"社会"一词所含有的完全意义外——就是：将任何"意志的自由结合"中所含有的同意原则，完全使它实现——

此外还剩些什么呢？当然，理论上一贯的要求，在短时期内，可给予任何社会以足够的工作，但这是否就能包含对于实际立法加以判断时所需要的一切事物呢？这是否把一个"必要条件"（Necessary Condition）来负担"满足条件"（Sufficient Condition）的职务呢？

人家批评施塔姆勒的立论过于固定，他却不仅自认，并且力主：这样的纯粹方式并不会产生固定的权利观念，它所建立的乃是一种思维程式，我们能于任何时间用它来决定：怎样的法规才最切近"正义法"。当一个人已具有上述的"意志粹化"的精神，想就诸种可能办法中，来审考何种办法系受"纯粹社会"的理想所支配者时，他或能达到一个在当时当地具有客观正当性的决定。这决定当然不会是绝对正当的，因为历史中绝不会有绝对正当性。施塔姆勒的准绳仅系对于有远见的立法者的一种思维上的"导线"（Richtlinien）或是"观点"（Blickpunkte），这是施塔姆勒所喜欢用的两个名词。但是这些"观点"是否具有实际效用？或是，它们在施塔姆勒手里所似乎具有的效用，是否真应归功于它们？抑应归功于另外的未经知道或未经发现的标准？则我们觉得尚有怀疑余地。我们认为：正因为"意志粹化"一概念，在用作准绳时，缺乏一种严格的逻辑演绎的可能，所以那些另外的外来标准才能偷偷地混进。对于施塔姆勒的纯粹形式准绳，我们不特不感到过于严格，反而觉得它的内容失于空泛，因之各人得任意将内容灌入。譬如奴隶制度，我们苟就过去言，诚可视为"不正当"，因它适处于正当关系的限度之外。但这并非斥它为"错误"，因这制度已被承认为具有历史上的必需性——就定义上言，柯勒对于此点亦能同意。——反之，我们苟就将来言，则任何事物都不容摒斥为不可能，因为，社会苟愈是有益于各份子，则它的利用各分子来达它自身的目的，也就愈成正当。于是，我们以前责难施塔姆勒的桎梏历史，至此似得了相反的结论。我们看见柯勒所要求于立法者，实比施塔姆勒更多。现在的问题已成了：施塔姆勒所要求者是否过少？

为了逻辑上的兴趣，我们可注意到下述一点：康德（Kant）对于道德上"正义"标准的理论，也曾受到两种相反的责难。就人事的相对性言，康德的理论失之过于严肃，但在另一方面，则失之过于空泛。严格地说，他的道德标准简直没有命令些什么。

一般人斥责康德为道德学上的一个不可能的严肃论者（Rigorist），而杜威则认为康德应负世界大战的较远责任，就因为他的道德规律的过于空泛。杜威说：康德的"绝对信条"（Categorical Imperative）仅制定一个空泛的义务形式，因之他的后继者不得不填入某种切于实用的绝对目的。在黑格尔的哲学里国家就成了一个似乎正当的目的。但是我们对于康德或施塔姆勒决不能同时加以上述两种相反的批评（即过于固定与过于空泛）。我们必须先详究他们所主张的原理的如何应用，才能给予公平的批判。这里我们得举引施塔姆勒在前述演说中所引的一个案件，就是著名的普鲁士邦腓特烈大皇（Frederick the Great）[1]时的磨坊主人亚诺特一案（The case of the Miller, Arnold）：

该磨坊系坐落于鄂特（Oeder）河[2]一条支流上。在亚诺特磨坊上游的一个地主，建筑有鲤鱼池数方，并且引导那条流过他所有地的小支流的水来灌注他的鱼池。在最低一个池边更筑有闸口，用来斟洇水流。因之亚诺特磨坊就不能常常得到足够的水流，来推动磨石。亚诺特的出货因之拖延，卖主们就向他提起诉讼。亚氏败诉，磨坊付之拍卖。他的亲属为他抱不平，特对鱼池主人提起诉讼。

鱼池主人答辩称：他既没有超越他行使本有权利的限度，所以磨坊的能否得到足够的水流，对他绝无干系。他说：这是一个简单的常识问题，因为苟不如是，就将

---

[1] 指普鲁士国王腓特烈二世，又译弗里德里希二世，（Frederick Ⅱ，1712—1786），1740 至 1786 年在位，是欧洲启蒙运动的代表人物之一，在政治、经济、哲学、法律、音乐等领域均有建树，主持起草了《普鲁士邦法》（Allgemeines Landrecht）。——编者注

[2] 现译奥德河，第二次世界大战之后，奥德河—尼斯河线成为德国与波兰的界线。——编者注

发生严重的违反正义，他的明显的产权及继承权将因而被剥。

地方的新政府（Regierung，充第一审法院），和此后的最高法院（Kammergericht）都认该鱼池主人的答辩为有理由，而驳斥亚诺特亲属的诉由。

但普皇则对此判决极为震怒。至于他怎样出而干涉，并下了一个很严厉的判决，现时已成了一个家喻户晓的掌故。受理该案的推事们，虽在判决时确是根据了他们所认为最高明的见解，却都被普皇贬斥下狱，并命他们用私产来补偿亚诺特亲属所受损害。亚诺特重行取得了那座磨坊。鱼池都被拆除。

我们知道（施塔姆勒评论说），该睿智的普皇怎样的受困于此案的程序上的不确定。……（第29、30页）

但普皇在实质上是合于正义的，推事们泥守了当时的先例，却都错误了。施塔姆勒认为推事们的所以错误乃在他们都着想于许多各别的私权，而没有一个"团体"（Gemeinschaft）概念。他们没有想到社会生活的意义只在使生存竞争成为一个共同的竞争，从这点我们复可推演："各人只能在顾到他的邻人的限度内，行使他的权利。"

法律上凡提及"诚信"（Treu und Glauben）、"合理"（Billigkeit）、

"避免滥用"等等，总之，一切未经确切定义的标准时，则我们就须援用"意志自由者的团体"一理想。我们虽不能从这个普遍理想内演绎成特殊的法律条规，但仍能从它演绎到某项原则，使"愿与此项精神相冥合的任何人"能用它们作指导，以达到较确定的结论。此项补充的指导原则凡二：

一、在诸种互相冲突的可能办法中，我们应该选择那对于各当事人都尊重为各自目的的一种办法，而应该抛弃那只视各当事人为他人主观要求的工具的一种。

二、对于因为生存的共同竞争而在权利上互相结合中的任何个人，不能被任何其他个人所任意逐斥。

亚诺特案件和对它的讨论，似乎能说明施塔姆勒的指导原则并非不切实用。我们虽不能从它们在实质上得到些什么，但仍能用它们来批判而获得好的结果。它们确能多少表明：所谓法律里的"正义"，在人类的共同意识里，到底含有什么意义。它们对于迷途的立法者至少是具有实际功效的。一个纯粹形式，不一定是一个空泛的准绳，我们在起初能对于该形式所含有的意义得到一个意识上的详尽了解，则它虽不能成为共同企图的全部绝对目的，但至少也能成为它的真实的一部分。这很像在你和邻人谈话的一个简单运作里，你也能得到个人道德规律的好一部分，因该动作实含有诚实及意志和知识上某程度的平等，以及达到一共同批判标准的希望等等。是以"团体"一概念对于法律亦多少具有它的意义。我们在这里所说的若是真实，则另一个批评——就是柯勒的批评，他说施塔姆勒的批评过于严格——是否也是真实的呢？

八

若是我们所谓一个标准过于严格，系指它"对于个人和社会生活树立了一些永远不变的确定条件"，则著者认为我们必须承认柯勒的批评。因为无论施塔姆勒怎样的力主他的指导原则并非是固力的法规，但真正的问题乃是：它们是否将不顾时间和空间，对于同一的具体问题，都给予同一的答案。著者认为我们实在无法避免下述的结论：只须该项批判标准有提出答案的可能，则它们的答案将永远同一（例如对于奴隶制度）。

这样的"正义"当然是具有变易的内容的，因为不同的环境将产生不同的问题；甚至奴隶一制度，无论在社会上和心理上，也不是一个永远同一的问题，因为在"奴隶制度"一个名词内，我们实包含了许多种数不相同的关系。施塔姆勒也不必假定所谓"同意"（Gonsent）或"参与契约"（Participation in an agreement）只含有"是"或"否"的两种可能性。实际上，它们是含有很多不同程度的可能性的；成人间的权利关系原不像父子关系那样绝对的。依施塔姆勒的见地，对于具有同一名称而内容不同的制度，当然不必做同一结论。但这样推论并不能变易施塔姆勒的判断。同时，他的批判标准和其他任何固定的概词（generality）间，并没有什么不同。例如"服从政府"一法规，正和其他相似的法规一般，也是具有一个"变易的内容"的，因为我们先须知道这里的统治者是否是 Dahomey[1] 的暴君，或西藏的喇嘛，抑是英国的国会。所以"变易的内容"一词是完全无意义和不清晰的：它给我们一个历史的相对性，但这相对性却依旧不敢变更任何普遍条件。只对于那些认"确定性"的任何因素系暗示一完整宇宙者，这"变易的内容"一词才能给予一个答复。于是施塔姆勒和柯勒间乃形成了一条很深的鸿沟——除非我们能证明柯勒的信奉相对性，并不像他自己所说的那样坚确。

我们现在可进而研究柯勒的标准和它的应用；看它在时间上如何的相对，以及它的相对的程度。我们更得一问：柯勒所谓："人权并非对于任何进步都是有益的"，是否指他对于正义

---

[1] 达荷美（Dahomey）为贝宁（Benin）旧称，原为王国，1958 年 12 月 11 日成立达荷美共和国，1975 年 11 月 30 日更名为贝宁人民共和国。——编者注

一词还有一个较施塔姆勒的更为妥当和更具弹性的定义？柯勒
在"有益的"一词中是否隐示：法律，在它的抽象定义外，尚
须顾到其他的价值？最后，柯勒所谓"文化"或文明——它们
是时刻在给予法律以某种标准的——究竟指些什么？

三、柯勒的标准和它的应用

九

凡读柯勒著作者所最先得到的影像是：他的标准很是含糊
不明。法律是用来达到文化的目的：但文化是什么？一条法规
的是否能用来达到这目的，又是怎样决定？

柯勒甚至受到一种流行的批评，说他对于这个重要的名
词——"文化"——并没有明晰地定义。[1]但公平地说，在这点

---

[1] 这一类的批评是起始于他的同派拉逊（Lasson）——他也是一个新黑格尔
派——在 1909 年 3 月份的《法律哲学及经济哲学汇编》（*Archiv Für Rechts——und
wirtschaftsphilosophie*）里对于柯勒《法律哲学读本》所作书评。这篇书评已由（转下页）

上他并没有像批评者所责难的疏忽。《法律哲学》里的起首几章可认作对于"文化"的一个概叙，说明它是诸种心理动力的产物，例如种族性格、宗教、家庭本能、求食（尤其是在获取财富的本能方式上）、支配欲，及"其他性质较高尚的原则"。

他在《近代法律问题》（*Moderne Rechtsprobleme*）一书中曾下一个如下的定义，内中除了"最高可能"一词的数量不确定外，其他都是很明晰的：

"文化是人类所具潜力的发展，它的鹄的是在人类知识和创造力的最高可能的发展。"[1]

在 1910 年 1 月份的《法律哲学及经济哲学汇编》（*Archiv für Rechts——und wirtschaftsphilosophie*）里他曾说：

"在法律哲学上，文化的要点是在人类知识和控制自然的最大可能的发展"。[2]

（接上页）郭壳莱克氏（Kocourek）英译并附于英译本《法律哲学》之后。

英文中"文化"（Culture）一词不能作为柯勒的 Kultur 的切译。庞德曾说过，该名词最相当于英文中的"文明"（Civilization）。但因 Albrecht 既将 Kultur 译作 Culture 而著者又时常引用该译本，所以也就沿用了这一译名，惟为辨别计，特冠以大体字母。（译者现一仍霍金氏之旧，以 Culture 译作"文化"，而以 Civilization 译作"文明"。）——原注

[1]《近代法律问题》，第 2 页。——原注

[2] 曾于《法律哲学》第 329 注引及。——原注

同时，我们也能想见：柯勒对于不容精确定义的事物，本性地不信任能给予精确的定义：这是一种很合理的不信任。他反而甘于接受定义含糊的不良效果。

文化既不是一件可容清晰指明的事物，它当然不是可容机械地应用的标准。但它并不因之成为不真实。柯勒自己承认：这标准要成为完全明确，尚需要科学上很大的进步：

> "一时代的文化系与一民族的灵魂和精神相关。文明的测量是民族心理学上的工作。我们必须承认：这项学问尚需要大大的发展。……因了心理上的必然，才有各时代的不同的习俗，但它们究竟遵依着什么规律，则现在我们还有很多可能不能知道。"[1]

✛

我们上面说：标准的不容演绎为公式，并不使标准自身成为不真实。但这句话并不指：我们无从知道和应用这些标准。

---

[1]《法律哲学》，第36页。——原注

柯勒的原意固不在介绍一个不可知道或不可应用的标准。若是文化的动向必需一个先知才能捉到，则黑格尔确曾认为真有先知能够这样做。柯勒则更谓：先知不必等到"暮色渐至"，才能了解一时代的理想和它的应用。

我们若问：我们对于这样一个标准，怎样可以知道和应用？则我们可得到两个可相像得到的答案：（一）一个社会应信任它的先觉们，他们具有预见的能力；（二）文化自身也具有一种创造力，多少能表示它自身的需要；这表示是借着群众运动，或是习俗的力量，或甚至是一个有组织的"一般意志"（general will）——这"一般意志"系被视作一个真实的个体。柯勒在先后著作里似乎把这两种都采用了。他对于立法者或推事们，在应用该项标准于具体法律时所有的心理作用，并没有讨论过，但从他的许多措辞中间，我们很可推知他的意见。

柯勒最不信任个人立法者。他认为我们应诉之于一个较高的东西。"立法者是他的时代的产物"[1]——这话的含意是什么呢？我们是否能信任一个时代的产物来说明该时代的精神？——实际上他是不能不如此说明的。反之，这样的推论将为"从实然里寻求应然"一原则的滥用的好例。立法者自身既为时代的产物，他的思想就不能具有最后的真实性，因之我们

----

[1]《民法读本》（*Lehrbuch des bürgerlichen Rechts*）。——原注

必须"从社会观点来解释他的思想"。然则什么人才是有权的解释者呢？"国家比个人较能得到一个准确的权利概念"，[1] 但国家也不能单独来解释，它必须和一个原始性的和创造性的个体——文化——相合作。因为：

> "文化既不仅创造了法律，且更创造了权利，所以国家就不应该推翻此种权利而加以蹂躏；它于尽量拥护此种权利时，须与文化的发展相适应。"[2]

总之，在这里，我们认文化同时是立法作用的前因和后果。这大概是亚里士多德所谓自然界的循环关系的一个例子。好像吃东西同时是一个身体上的活动的后果和前因。但无论如何，立法权力总是一个复杂体，它不只限于任何个人的思想。

但柯勒在他著作里的另外一节内，显又极端信任"有远识的头脑"。他很崇仰尼采的社会学，所以这点也无足为奇。若是历史真如黑格尔所设想，只是文化的逻辑发展，则我们得一任该逻辑的必然发展的摆布。我们苟不这样消极，也得由历史哲学寻出该逻辑的线索，因以获得立法的准绳。但在这点上，柯勒却审慎地拒斥了黑格尔的理论。他认为历史并不是一种逻辑

---

[1]《法律哲学》，第 243 页。——原注
[2]《法律哲学》，第 208 页。——原注

过程，它正含有很多的不合理和过失之处："无理和野蛮永远伴着智慧和稳妥"。文化自身有向前和后退的性格。立法不能只是像布鲁克斯·亚当斯（Brooks Adams）[1] 所提倡的对于诸种"力"的奴性的研究。

"反之，在法律倾向中实永远存在着一个分裂的可能性。一方面是众人力争着一个相当于他们的野蛮状态的法律；他方面则有先觉者向他们反对，想来改良法律。我们要了解这点，只须回想那些杀人献祭、杀戮女巫等制度；直到现在，还有很多人认为决斗是不可少的。在那些时候，我们实需要一种超众人的立法精神来和一般人的见解相搏战，以减少它的不合理的效果"。[2]

这里所说的先觉者当然可以是立法专家，但他们无论如何必须是人生哲学家：他们必须负起一种责任，知道什么文化运动是反"文化"的，而起来予以反抗。

"先觉的立法者实能减轻很多的不幸。我们对这整个

---

[1] 布鲁克斯·亚当斯（Brooks Adams，1848—1927），美国历史学家、批评家，著有《马萨诸塞州的解放：梦想与现实》《文明和衰退的规律》《美国的经济优势》《新帝国》《社会革命理论》。——编者注

[2]《法律哲学》，第58页。——原注

的动向虽必须搏战到尽头，但人生哲学家却能缓和很多悲惨的趋势。他能用种种方法来助长进步或改善它所含有的痛苦，这是立法者的应有态度，若是他同时是一个法律哲学家。"[1]

所以，柯勒虽是很热切地相信文化的进展必须经由人的灵魂——他的意思是指：民族灵魂的进展是有节奏的，它必需要"反常"、狂妄的恶作剧和刺激，所以不能永远循着直线进行——但柯勒却同样地热切相信：我们对于初发生的"反常"是可以知道它的"反常"性的，但能知者则属之一时代的先觉者。他们对于此种"反常"得用"文化"的名义，予以反抗。

对于我们怎样知道"文化"一问题的加以充分讨论，著者认为是很值得的：一方面因了它本身的兴趣，另一方面因它对于柯勒的整个思想的每一部分都有重要关系。

著者认为：依柯勒的意见，立法者和他立法标准间的关系，在最后分析后，是一个神秘性的关系（mystical relation），这就是：立法者永远不能说："这是文化所需要的，我且能予以证明"。他所能说的只是："我的'慧见'（vision）告诉我：这是文化所需要的"——但他却很信任他的慧见。"人类的命运，注

---

[1]《法律哲学》，第41页。——原注

定着对于世间和超世间将有深切的了解。"这是宗教情绪的实质根源，这情绪不特使人类进入另一个世界，并且进入一切文明生活。依柯勒的意见，人类对于国家、正义、法律和其他一切共同生活制度，所抱的态度，都应受制于这种情绪。"伟大的精神力已渗入了整个自然界和人类，这个概念是人情所必具的。从时间的起始点到文化的最高圈，它永远跟着我们。"[1] 但这些力量所需要的东西却是无法举示的。所以，立法者和文化间的关系乃是信神者和神间的关系，于是柯勒，和施塔姆勒一样，最后也诉之于直觉的批判，和具有特殊能力者的直觉批判。

十一

从上节"我们怎样知道文化"一问题的讨论，我们更可得一重要的推理。这就是：柯勒不知不觉地在他的标准里采取了几种确定的原素。我们可看它们怎样发生：

我们说：法律应由文化给它规范。这句话，就历史动向言，至少具有三种可能意义：

一、法律应助长现有文化；

---

[1]《法律哲学》，第45页。——原注

二、法律应助长行将达到的文化，这文化是由现有文化里所产生；

三、法律应准向着文化，视它是一个辽远的目的。但该目的的几种性质，则我们在现时已能认为真实的，并且具有真实力的。

一个真正相对论者必将摒弃第三种，而采取第一种或第二种。依柯勒的语意，他对于第一和第二两种显然是兼取的。法律必须"合于文化"，但它也必须"帮助文化胚子的生长"[1]，法律必须保存现有秩序中的所有美善的事物。"因为进步应当永远这样地进行，使行将过去而具有美善结果向胚子得保存下来。在黑格尔所娓娓解释的世界进展的逻辑辩证论中，这一点就是它的真实部分"。[2] 就法律和现有文化的关系说，它的任务是在对于该文化所要求它完成的事物，形成一个概念，如此才能从它的现实性里掉转到它自己所需要的方向。于是，第一种标准已渐与第二种标准相切近：

"我们所能想到的任何式样的法律都不能相当于一时代的文化。只有能使文化内的胚子得到发展，并使该文化更切近于它的理想者，才能相当。"[3]

---

[1]《法律哲学》，第58页。——原注

[2]《法律哲学》，第43页。——原注

[3]《近代法律问题》（*Moderne Rechtsprobleme*）第2版，第10页。——原注

于是柯勒，仍像一个忠实的相对论者，很审慎地将下列两种理想相分别：一是特殊文化所独有的理想，二是全体人类所共有的文化理想。他在同一著作里更重申他的立场：

"在每一个不同的文化里，法律也必须相异，这样才能实现它的目的。……所以'永久法律'（eternal law）是没有的，我们也不能预言：几百年后的法律将成怎样。柏拉图和亚里士多德都不能预见我们现有的时代。……我们所能见到的只是世界进展的概略，所以做到的只是帮助法律在最近将来的进步。"[1]

这些有力的话，很可以把上面的疑问解决了；并且在一辈柯勒的解释者，确认这问题已经解决了。苟没有前一节所讲到的借先觉者来矫正文化的理论，则现在所说的话确可把问题完全解决。但这些先觉者既须以文化的名义自拔于现有的文化，且更须自拔于现存的任何趋势。他们必须知道：文化在什么时候是在前进，什么时候是在后退而到"无文化"。他们既须知道这些，则他们心目中的文化必须超越于现有的历史动力。即在柯勒自己的心目中，我们很有证据知道也是如此的。所以，依

[1]《近代法律问题》，第 11 页。——原注

此而言，他也采用了上述的第三种标准。

因为柯勒时常说到文化像是一组目的（Zwecke），这些目的不仅具有暂时的真实性。例如柯勒在上述著作的开端曾说："任何人要知道法律，必须知道文化，并且必须知道人类文化系对着什么鹄的（Ziele）进行。"所以柯勒对于文化的定义当然不是没有内容的。这个定义苟是永远真实——这当然是他所意欲的——则该内容对于人类在历史上所努力企求的至境，也得多少予以确定。这至境就是所谓知识的最大量和创造力的最大量。

柯勒对于将来虽持相对的存疑论，但仍不能自制地用了最强的词句来讲述人类最后运命的概况：

"人类的命运是注定着来创造和统治的：在艺术上来创造，对于地球则来统治，并且靠了技术科学，更会进而统治宇宙的其他部分。"[1]

我们要达到这个目的，有两点是必需的（柯勒并不说："在我们这时代是必需的"，或附有其他任何条件；他却指："现在和永远必需的"）：

"第一点，加力地发展个人，对他一切智力予以最高可

---

[1]《法律哲学》，第49页。——原注

能的训练；第二点，巩固团结，使人类不至涣散成为各个人，因为除了个人间的精诚的，或至少有效的集合活动外，整个巨大事业是没法成功的。"

　　上节苟由施塔姆勒属笔，他大概将如此措辞："纯粹社会或社会的共相（community ueberhaupt），是一切文化价值的先验的（a priori）必需条件。"他或将很有理由地主张：他自己的指导原则或观点（blickpunkte）已都包含在内。柯勒对于这句话当然是极端反对的。但现在我们却渐渐看到：柯勒和施塔姆勒间的相异点是这样：柯勒在他的文化标准里，比了施塔姆勒确包含了更多的个人和社会生活所永需的条件。但施塔姆勒的条件却引起了柯勒的仇视。

　　诚然，柯勒的相对论——这是表示他对于历史变化的好向——和他所有黑格尔式的对于绝对知识的彻底信任，实难免互相冲突。他对于文化的，所以也是法律的，世界的怎样进展，不愿意置若罔闻。他说："相对性所影响于过程者多，而影响于目的者少"；"在最后的发展中，得胜者将属之理智"。[1] 我们只须看到这个不吉利的黑格尔式的名词——理智，已偷偷地进入了柯勒的著作里。我们即能知道这时相对论已经退了位。法律自身是一种"使人们进向合理生活的内心冲动"的结果。这句

　　[1]《法律哲学》，第21页，参阅第59页。——原注

话在柯勒是指：第一，法律须克服历史中的不合理部分，和民族灵魂（volksgeist）里的兽性冲动，并制服个人生活中的意外事件，使能加以预计；第二，文化不仅是从一个阶段进入另一阶段，它实是一种具有累积性的东西，好像它自身里的一个分子——知识——一般。正因了文化是累积的，所以我们能说出一些它所永久含有的事物。

著者敢于相信我们根据了柯勒自己的主义，也能树立几项立法原则，和施塔姆勒的两项指导原则及他早期著作中的四项原则，具有相同的永久真实性。所异者，柯勒的原则将较为具体。我们为什么不能将柯勒所予文化的定义演成如下两项指导原则呢？一、在诸项互相冲突的可能办法中，我们应该选取足以促进人类知识至于最高度的一种；二、我们不应采取足以减低人类创造力的步骤，无论该步骤在当时怎样的有利。柯勒对于这样的滥用他的定义无论作何感想，著者认为该两项指导原则的最大困难是在它们不够包括所应包括的东西。我们应得说及将来任何文明所必具的两项永久条件，就是："巩固团结"和"个人的加力发展"。这两项条件，可成为另外两项指导原则的原料。

据上所论，柯勒在实质上，是和施塔姆勒一般，只是一个相对的相对论者。他所辩护的"变易的内容"，乃建筑在他所言外假定的永久原则之上。此说果确，则柯勒和施塔姆勒间的歧异点并非在我们骤视时所见到，和一般人所同意，也是柯勒自己所拟测之处。

然而他们两人间确有一个根本的歧异点，我们必须再做一番努力来发现它。

❧四、柯勒和施塔姆勒间的歧异点❧

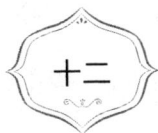

十二

两个极端反抗当时笼罩着历史实证论空气的思想家间，在对于该项反抗精神的让步和对于相对性的信仰上，当然不免会分个高下。但此种让步的可能性和价值总得有一个限止，若是我们意欲建立任何式样的法律科学的话。

因为一切科学，虽差不多都以变易的现象，做它们的对象，但它的能否成为科学却有赖于变易现象所遵循的永久规律的发现。科学的成就，系和它对于任何变动系统中所发现的"常素"（invariants）的成就，成正比例。法律哲学的成就实有赖于它所具有的能力，用来测定人类社会生活的理想中的永久真实部分。凡限制该项真实部分至于最小度的企图，自身本来没有特殊的科学上的价值，有之，只在它使归纳步骤较为谨慎而已。因为我们并没有一种"先验的"理由来相信：关于人性的正义标准，系比了人性自身，更多变易。是以，法律哲学的范围，必然的比普通人类心理学的范围，较为狭窄。科学的任务既不是否认相对性，尤其不是屈服于相对性，而却是了解相对性和发现它的规律。柯勒和施塔姆勒的企图都须以此原则为准绳。柯勒认为应注意于"变相"（variations），因而用它来说明法律。施塔姆勒则注重于"规律"（law），认为历史是它的具体的表现。但这两种说法只在言辞上有不同，实不能构成科学上的歧异点。

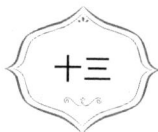

十三

著者甚至敢于相信他们两人对于下述一问题的见解并没有像他们自己所想象的那样不同；这问题是："历史变易"所影响于"正义"的意义，究有多少？或是：我们是否可以说："凡一时合于正义的也是永久合于正义的？"施塔姆勒似将赞成这句话，柯勒则似将予以反对。他们对于奴隶制度所抱的不同意见，更好像是这点异见的表征。

但当我们已把这问题的真义弄清楚后，他们所有表面上的歧异点就开始自行消失。这问题的意义并非是："在过去"什么事物是合乎正义的，而实在是："在将来"什么事物是合乎正义的。大多数绝对的相对论者，乃造成于他们对于风俗历史博物院的兴趣。在这些博物院里，我们当然能够发现无穷尽的变易；在这里，民族学者更在不懈地继续发掘。

我们只需对它略一顾视，就会得到一个印象，就是："风俗能使任何事物成为合乎正义"。但在实际上，这句话并不是以事实作根据的。比这句话更真实的是下述的心理上的推论："人的半睡半醒的状态，足使任何事物好像都不错误"。

"渐觉律"（law of increasing sensibity and discrimination）是历史心理学的基础。人类的自觉是渐渐形成的。人类的成为各个人也是渐渐发生的。他们逐渐地了解了正义问题和这问题的所在地。人类都具有某程度的良心，但各人良心上遇到的问题则各各不同：从对于杀死亲族的犹豫，以至于最精微的良心学说。过去的历史是蒙了半知觉的面幕而进行的。甚至于时至今日，尚有很多的风俗，将来一定会成为正义上的争点的，但现在我们却不敢过问，或仅假定它们是合乎正义的。社会暴动只是强迫这些问题使进入麻木的群众意识的一个方法。醒觉和睡眠间的区别不只是一个单纯的"是"和"否"，而是一个程度上的差异。人类意识不会绝对是醒觉的，但人类自己总认自己已经具有完全醒觉的意识；他们把现时所有的醒觉程度认作标准的醒觉。至于过分醒觉之由于醉酒、党徒的刺激、狂妄的惊奇，或强迫灌输知识——这一切对于知觉表面的人工的紧张作用，都不免受制于本论文开端时所讲到的规律：醒觉的增加将抵消于眼界的缩小和判断力的紊乱。醒觉的神圣水平本不容暴力予以增损：历史是在半意识的面幕下造成的。

上述历史观的一个结论是：习俗的变易不能解释为人类对于正义一问题曾有不同的判断，而只能说人类从未予以清晰的判断。该问题从未使人们醒觉，所以从没有带进过判断的法庭内。在这样的心理状态下，我们苟问人类的判断是否正当，实在只是空谈。当各人的社会地位尚被认为是一种固定的生活现象，在上者和在下者都不去反对它时，则奴隶、寡妇殉葬、刑审等制度都不会发生是否正当的问题——柯勒对于刑审也没法加以辩护。[1] 具有科学价值的唯一问题是：一个问题——任何关于正义的问题——苟已清晰地提出，且已得到答案，该答案是否"此后"将永远真实？"在过去什么是真实？"一问题并不具有科学上的价值。"在将来什么是真实？"一问题才能给我们以有意义的答案。

---

[1] "神判制度有一个极端罪恶的结果——刑审。它是人的荒谬的头脑里所曾经想出来过的最恶制度中的一个"等。《法律哲学》，第255页。——原注

人类心理的运命早注定了将稳定地发展它的醒觉程度，我们更将渐积地获得正义的概念。现在我们对它可划分成两个区域：一个是试验中和生长中的区域，另一个是已经大致解决的区域。相对论的时代是一个努力认识任何试验中的区域的时代。这是我们现在已经获得的了。现在全世界上已没有一个主张完整宇宙（block universe）说的先知，无论是对于事物或正义概念。我们现时已至少承认："一切试验都以有所树立为鹄的。"苟无可树立，则试验本身就不必做。我们为了试验的精神的自身，也必须说明试验是能获得成功的——我们能由试验学得一些东西，它将永久不再失掉。

无论柯勒怎样地讲他的相对论，他必得承认上述的论点，这是不必得心理分析家加以证明的。柯勒的黑格尔派的色彩不容他不相信——有时还表示——"人类永远地在文化上进步着；这意义是指：具有永久性的文化价值正在一天一天地产生，人类在知识上也一天一天地在逼肖上帝"，[1] 人类对于正义原则的知识当然也不能例外。因为当柯勒说：

> 人对于自身的权利，或人格权，必须为每一个法律体系的起点，因为任何权利必需一个主体……[2]

---

[1]《法律哲学》，第 26 页。——原注
[2]《法律哲学》，第 80 页。——原注

他这里对于"每一个法律体系"所立的定理，我们无法看出它是应受历史相对性所限制的。据著者的判断，柯勒一定也相信：我们对于正义的真实原素的概念是能渐积的。并且他更认为这些概念不只限于施塔姆勒所想象的形式方面，而是具有具体形象的。

十四

只当我们已明了了柯勒和施塔姆勒间的表面歧异点的主要原因后，我们才能知道他们的真正歧异点的所在。事实上，他们实是在答复两个不同的问题，而一般人则遽认他们的答案是对于同一问题的。施塔姆勒的问题是："在正义法的标准里，究竟有些什么'常素'？"

柯勒的问题是："无论法律是否变易，他的任务是什么？"

施塔姆勒对他的问题所得到的答案是：正义具有一个不变的原素，它虽只是一种纯粹形式，但仍能拘束着文化的变易状态。柯勒对他的问题所得到的答案是：法律所服役的主人不止一个，而有两个：它不仅须对正义服役，还须对一组巨大利益服役，这巨大利益就称为文化。[1] 柯勒认为正义标准没有顾到：

[1]《法律哲学》，第66、208页。——原注

大部分的法律是用来促进人类的文化利益，并使此种文化利益得到生命。但文化利益乃是正义以外的一个独立问题。施塔姆勒不会反对柯勒对他自己（指柯勒）的问题的答案，因为他并不是一个对于立法者的范围上主张放任主义的人。正义只是法律结构的一个条件，但并非是法律全部使命的说明。反之，柯勒也不会反对施塔姆勒对他自己的问题的答案。因为他从未用文化来答复"什么是正义"一问题。他认为正义是一个独立的问题，它有它自己的标准。例如讲到刑罚原理时，他就和黑格尔采取同一见地，不先诉之社会便宜，而却提出一个报复形式的正义。他认为：将刑罚视作保护社会和减少犯罪的方法，实是一种"极端浅薄和不真实的见解"；[1] 这理论隐示一个人必须为他人而受难，这点更是我们所"不能容忍"的。——这里的"不能容忍"绝不关于任何文化需要，而是直接发自柯勒的正义意识。他的下述几句话也表示他对于正义判断的独立性："依正义，一个人应该对他的不法行为负责，虽是他只用了自然界的因果关系来达到他的目的"。[2] "权利（人身权）的伸长，须以该权利享有者继续被认为权利的主体时为限。"[3] 后一句话简直具有十足的康德风格。

---

[1]《法律哲学》，第 283 页。——原注

[2]《法律哲学》，第 34 页。——原注

[3]《法律哲学》，第 70 页。——原注

讲到这里，我们所从事比较的两个人好像已合而为一。但我们问："文化和正义苟相冲突，则应该怎样办？"两人的真正歧异点复即显明。

柯勒的答案是：抽象的正义应当让步。这个答案是很合乎黑格尔的精神的。黑格尔曾将"抽象正义"一章置诸自由辩证论的开端，以便后来把它搁置不用。

著者相信施塔姆勒必将说：这问题的本身是不通的。它假定权利要求和文化要求得相冲突，这在实际上乃属不可能。因为，除了将正义掺入文化外，我们还有什么文化？文化还有什么价值？[1]

柯勒固深知个人在历史上对于"大我"所有的必要牺牲的惨剧：

"个人时常会成为有碍社会，社会就回头来把个人毁灭了。这是人类的献祭场；在这里，宇宙历史的灵魂时时在受难，时时在死亡，然后再从坟墓里带了新的光明出世"。[2]

"文化的要求时常需要现存权利的覆灭"。[3]

"我们必须顾到（在讲神判刑审的错误时）：个人的牺

---

[1] "我们所谓'文化'（Kultur）其意义不外在知识上及意志上向正义的奋斗。"《社会主义及基督教世界》（*Socialism and christendam*），第 100 页。——原注

[2]《法律哲学》，第 48 页。——原注

[3]《法律哲学》，第 208 页。——原注

牲实保存了社会的和平。……宇宙历史时常需要着个人如此地被牺牲，进化的铁蹄已蹂躏了亿万的生物，这一个可怕的现象我们必须尽力予以改善。……但在这里我们只能接受'神'的做法，并且了解：只有如此才形成了世界的进步"。[1]

　　这样说明了柯勒和施塔姆勒间的最后异点，我们就可抛下他们而自己来研究这问题。但我们必须说明：柯勒对这"可怕的现象"并不是消极的。他认清"国家不应只是一个'文化的国家'，而须成为一个'法律的国家'"。所以，当文化的要求需要毁灭现存权利时，我们尤应设法解决这困难。例如"公共征用（expropriation）一制度，它在取消一个权利时，同时有予以相当赔偿的可能"。[2] 我们更得进一步说：柯勒只对于过去历史的回溯判断上，才甘心跪服于进化的残酷需要的脚下，但对于将来事物则并不如此。就理论言，他将不迟疑地认定：法律负有较高和较低的任务，较高任务就是文化。正义必须接受生自文化的一切结果。我们至此已清晰地说明了他们两人间的歧异点。

---

[1]《法律哲学》，第 253 页。——原注
[2]《法律哲学》，第 208 页。——原注

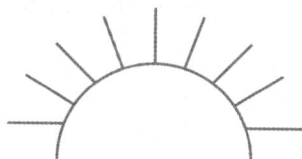

后 论

五、正义标准和社会功利标准

十五

我们先请假定下述几点，作为辩论的基础：没有政治的国家组织，就不会有开化的文化；没有大多数人民愿意为国家的生存而牺牲，就不会有政治的国家组织。我们更须承认：每一世代的个人必须多少为下一世代而牺牲，这是历史发展的条件。在我们的社会结构里，各种牺牲只是一种常态。

但我们对于下述二种牺牲则须予以逻辑上的区分：一是自我或幸福的牺牲；二是正义的牺牲，苟正义已被认识的话。特兰弗斯（Dreyfus）以兵士的身份，愿意为国家事业而牺牲他的生命。但他不愿牺牲他所认为应有的权利，甚至于为了国家或军队的利益。[1] 某一次一个具有经验和重任的军官，在讨论军人道德的问题时，曾说过：他若是确实知道一个被告的军人是无罪的，但同时也知道全部军队都认该军人为有罪，所以该军人的释放足以在最紧急的时机降低军队道德时，他唯有命令对该军人执行有罪判决。他说：对于个人的正义，至多只是"差不多"而已，但事业的利益却是最高的。一个军官在轻微的案

---

[1] 特兰弗斯一案（Dreyfus Affair）是 18 世纪和 19 世纪（应为"19 世纪和 20世纪"）交替时法国政治上一件极重要的事件。它的效果使法国的军阀敛迹，共和党抬头。但这里我们只需一述该案的概略。特兰弗斯是一个生在阿尔萨斯（Alsace）州的犹太人，任职于法国陆军参谋本部。1894 年因他有出售军事秘密与德国的嫌疑，被军法处判决有罪，处流刑。他在行伍里素乏友情，所以这事初起时外界很少知道。1897 年新任法国侦探队长比加上校（Piquart）开始认为特兰弗斯的有罪判决是冤枉的。比加是一个共和党人。他指出该案的真犯是皇党人埃斯特海齐（Esterhazy），并谓特兰弗斯的被诬，乃由于军队中反犹太人主义。但整个法国军界则大大反对比加所为，因他们认为特兰弗斯判决的推翻，将有碍于法国全体军队的荣誉，比加因而归于失败。不料这时复引出了小说家左拉（Emile Zola）接着替特兰弗斯辩护。事件就因而扩大。全国共和党人都一致拥护左拉的主张，而保皇党、教会、军官、反犹太主义者，则立于反抗阵线。一件小小的案件竟成了全国政事的焦点。结果，因舆论的激昂，特兰弗斯终获得大总统的特赦，于 1906 年恢复原职。——译者注

件上若是过于慈悲和详尽，反而会造成不良印象。对于过失、违命等案件的简捷处理，实比了迂缓精细的处理，较有益于一个军队的精神，后者只造成一种犹豫和软弱的印象而已。任何兵士都很知道他会受到些不应受的谴责，他必须时刻提防远离祸患。"违反正义"当然是一件不幸事件，但这里的些微的"违反正义"却是一种必需的不幸。

军队方面既是如此，在较大的社会中是否也这样的呢？正义的牺牲，和幸福的牺牲，是否是常态里的一部分？我们能否接受它作为一个立法原则呢？

事实上，任何人都得承认：在任何实际社会中，我们必不能避免很多的非故意的违反正义，例如由于审判者（不问他是否官吏）的时间上和知识上的有限性。但著者相信：我们找不到在某种情形之下，曾为了一个较高的利益而故意牺牲正义；这在审判各个案件时如此，在一般立法时更是如此。我们有时为了较大的利益而牺牲个人利益（例如在公共征用时的没收私产），这只是幸福的牺牲。同样的利益苟是对另外一个个人而牺牲的，这就成为正义的牺牲。但据著者所信，我们从未有过为了公共利益而牺牲正义的事例。法律所必须遵循的原则是：我们不得明知地违反正义。

这原则虽未经约翰·斯图亚特·穆勒（John Staurt Mill）[1] 和

---

[1] 约翰·斯图亚特·穆勒（John Stuart Mill, 1806—1873），英国哲学家、心理学家、经济学家，是 19 世纪很有影响力的古典自由主义思想家，著有（转下页）

多数功利论者所明示，但他们早已予以默认。至于它的含义则他们尚未了解。他们所主张的公式——每人在不侵犯他人同样自由的限度内得有充分自由——乃指一个人没有因自己的幸福而侵犯他人已经确定的自由的权利，无论该幸福怎样大。这里我们已抛弃了功利原则，不只因为我们在快乐的数量外，更见到它的质量，并且我们已认清：不应用他人的小量痛苦来换取自己的大量快乐。财产权的意义就在这里。一个社会的快乐的总和必须牢守着较低的水平，无论该水平得因财产的简单的重行分配而立即升高。这就因为财产的如此的重行分配并不含有一些正义的影子。

十六

　　我们在树立立法上的"不应违反正义"一原则时，我们必须先行假定：在法律和社会功利外，我们更能多少知道"正义"或"违反正义"。我们不假定我们对于"正义"已知道得很多。实际上我们所知道的"违反正义"实比了"正义"多得多。予无罪者以有罪判决，我们知道是有违正义的。但该被告苟已被定

（接上页）《论自由》《功利主义》等。——编者注

罪，我们应该怎样更正这种错误才合正义，则到现在尚是一个未决的问题。凡有能力偿债而故意不偿，我们亦知道是有违正义，但偿债一行为是否已全合正义原则，则就不易决定。我们容易感受违反正义，正像我们容易感受痛苦一样。因了生理上的关系，我们对于违反正义，有似痛苦，比了它的对体（指正义）较能得到确定的和深切的感觉。但我们如此说法，也非谓我们对于违反正义已都知道。我们只假定在几项事件上我们确能知道"违反正义"，且这种感觉，和我们对于社会幸福的知觉，完全无关。对于这些事件，法律必须遵守"不应违反正义"一原则。

我们更得附带声明：这原则并不一定和社会功利原则相反对。著者的信念是：它们并不互相冲突。我们得再树立一个同样真实的批判原则如下：

"凡我们确知是有害于文化总利益的事物，它绝不会合乎正义"。

但这里所需注意之点是：在很多情形下，我们苟不顾及"正义"的利益，则文化的总利益也就无从计算。"正义"的利益已经具有一种相对的独立力量。此项利益须得在社会功利论者所列表格内占据一个项目。我们苟摈斥了"正义"的特殊利益，和"超利害关系的愤怒"（disinterested resentment）的深潜的心理冲动，则法律的任务就不能用其他的文化福利来予以定义。当特兰弗斯愿意牺牲他的生命，但仍坚持他的权利时，社会不认此项坚持是一种自私行为。因为凡一个人主张一个权利，实在就是为一切享有此项权利的他人——在同一法律系统下的现在和将来的任何人——主张他们的利益。在任何特殊权利下，这辈人的全体所实际享有的社会幸福是一个不可知量。没有一个功利论的计算法能够帮助我们权衡此项社会幸福，使它和处罚一个无罪者时所满足的一般欲望的利益相比较。我们不能确知特兰弗斯的释放将有害于整个文化利益，因为我们无从知道该整个文化利益是什么。我们在这里所知道的只是：这处罚是违反正义的。我们更知道：此项违反正义的感觉苟已成为社会意识的一部，则该社会对于法律的信任心将受到大害。于是我们根据了社会功利论的理论，得树立一相当于上述原则的另一个原则如下：

"凡我们确知有违正义的事物，它对于整个社会利益也不会有利。"

我们认为：在很多情形下，正义观念实先于一切社会功利的计算。是以，在此种情形下，我们苟不先行顾到正义，则社会功利原则也就无法运用。我们更进一步认为：这理论将永远真实。于是，我们根据了一切严格的社会功利原则，得树立一个关于正义的批判核心，作为法律的永久准绳。

十七

"不应为了任何社会幸福而容许已经明知的违反正义"一原则，系法庭在许多案件中时时须予考虑的。

"国家诉特德兰"（Regina v. Dudley）一名案，苟见之于诡辩者的书里，就会像是一件虚构的设辞。该案的案情如下：一群翻了船的水手，为了他们最大多数的最大的明显幸福，把他们中间的一个水手，杀来吃了。他们竟能因此而免于死亡。但法庭却根据普通法（common law）上的下述原则，认他们的行为为有罪。该原则认为：除了自卫外，杀害任何人都是违反正义的，无论这杀害是为了什么巨大利益。[1]

对于损害较轻的案件，至少美国法庭，有时会疑难两可。譬如山上一个树林，周围都是私人土地，使该树林不能通到公路。该树林的主人是否就不能将他的木材运赴市场，因为这样

---

[1] 见 15 Cox's Criminal Cases, p.624:14 Queen's Bench Division, p.273。——原注

就将构成对于不允让路的邻地权的侵损行为（trespass）。沃兰贡（Oregon）[1] 和华盛顿（Washington）两个毗连州的最高法院对此问题下了相反的判决。[2]

在损害更小的案件内，一个纽约平衡法院（New York Court of Equity）曾对某原告予以胜诉判决：该原告的土地正坐落在一个供给某大市镇的水电公司的上游。为了工程师在建筑水坝时的些微错误，使原告的土地因水坝过高而稍受损失。该法庭宣称：对于这种案件，"平衡法将缩去它的谨慎和慈惠的手"。但据著者的猜度，我们的法庭将不欢迎这个"衡量损害"的政策，因它好像是为了一些较大的功利而容许一些较小的违反正义。至于它是否确实如此，则将在后节详加研究。

十八

这种判决的加多，并不能增强或减弱我们的主张，因为正为了这种案件，法庭才需要一个指导原则。但我们苟多研究些

---

[1] 现译俄勒冈州。——编者注

[2] Anderson v. Smithpower Logging Co., 139 Pac. 736:State ex rel Timber Co. V. Superior Court, 77 Wash. 585.——原注

这种判决，则法庭现在对于财产权的处置显然较过去为自由，它们使财产权屈服于某种更基本的东西，有似佛莱特烈克皇[1]对于亚诺特一案的处置一般。他们好像在说："如此苟为违犯正义，则我们正觉得多多益善。"

假使我们认为这种态度是正当的——著者相信确是如此——则它的理论可分两种。第一，我们得予"正义"以字面上的意义，而认它应屈服于较高的福利，这福利我们称为社会功利。第二，此种案件的蹂躏一个确定权利的行为，已不复成为违反正义。这二种理论不仅具有字面上的异点，它们的异点是在对于"违反正义"所下定义的不同。主张前一理论者认为"违反正义"确已成立，它是为了较重要的社会福利而必须存在的。这理论实先假定：在上述案件内财产权是一个绝对权利。主张后一理论者则假定财产权并不是一个绝对权利，并且凡侵害它的习惯上的内容的行为，已不复是"确知有违正义"的行为。

著者相信，法庭在判决上述那些案件时，实本能地采取了第二种理论。著者对于此种判决的原则更得就心理上予以如下的解释：自然权利学派（Natural Rights School）曾遗留给我们一张权利的名单，和一张此种权利如何被侵犯的名单。因之我们有了一种先入之见，认为权利是绝对的，并且属于每个个人的，所以权利的侵犯也是绝对的，而于每一案件中决定了不容疑义

---

[1] 疑为笔误，应该是腓特烈大皇。——编者注

的"违反正义"。此种先入之见已被包含在我们所有诸种宪法性的权利状（Bills of Rights）内。但到了现在，我们的绝对信念已在多方面受到动摇。我们现在所有的假定是：一切已经定义的权利都受制于某种条件，但这些条件究竟是什么，则我们现在尚不能确知。不过它们中间的一项，我们似乎已能够知道，这就是：任何人在行使权利时必须对他的同伴和公共幸福具有一种善意（good will）。一个人的诉诸法律苟显非为了维护他所宝贵的事物，而只是为了妨害他人或他物，这时我们就认定——虽传统观念正与我们相反——一个专门学术上的"违反正义"，甚至在法律上，已不复成为"违反正义"，因为这里的权利已不复成为权利。我们现时所考虑的已不是哪一造的福利的数量；我们已对于全部法律起始考虑到：一个行为的心理动机已成为该行为的性质的重要条件，更成为确定字面上所谓权利的实际内容的重要条件。在刑法的某几部分，我们确已有了此种考虑。

十九

但我们的主张是否具有下述的流弊？它把人民在法律下所享有的权力和权利逐出了清晰和客观的定义的领域；而使法庭

在判决时须根据了飘忽不定的估计。这估计并非是对着社会功利——社会功利的原素至少尚能用明确的名词来形容——它是对于不可捉摸的内心倾向的估计。依该主张，一个人的所有物的受到保护，并非因为它是他依法律的所有物，而是因为法庭认他是一个存心善良的人。这种主张是否将使我们后退到从前的专制的人的政治？

对于上述的驳词，我们得提出两个答复。第一，一个原理在应用上的困难和危险，并不能证明该原则自身的不真实。反之，凡一个原则好像能够机械式地应用，因之应用起来很容易，它倒不会十分真实，因为人就不是一架机械。一个真实的原则一定含有一种生命，所以应用起来也不免相当的困难。

但就第二个答复言，我们必须同意于批评者的指摘：一个原则虽具有了真实性，但不一定就能在法律上予以应用，除非我们能给它深一层的定义，使它在应用时的流弊不至于超过它的长处。所以，著者必须负责给予"正义"的意义以较确定和切合实用的说明，若是我们否认"正义"只是承认一组在法律上已经定义的不变权利。著者将于下章提出四条界说来设法说明"正义"。

六、假定权利

原则一：法律权利是假定权利。

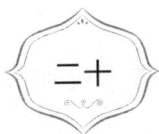

二十

法律所对付的不是实际的个人，而是予以人造的定义后的个人。我们不信立法者真会错觉地认为人人都是平等的。立法者甚至不会承认人人都具有相同的理性、相同的法律知识，或对于自身的权利和旁人的权利都具有相同的道德感觉。立法者大概从未盲目于人和人间的不齐的显著事实。但是，任何社会的法律——不仅是现代社会——在对付某种大群集中的各个人时，却故意认他们"好像"（as if）在法律前都是相同的。就反面言，法律故意不顾下列一部或全部事实：例如身长、体重、在某限度内的不齐的智慧、体力、功绩、在某限度内的不齐的财富、在某限度内的年龄、性别、种族、履历、家族关系。法律，尤其是我们这个时代的法律，既不顾这些实际上造成人在社会上的绝大差别的事物，却故意认定一切成人都像平等地具有知识、责任、和应受保护。

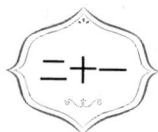

二十一

法律为什么对于某种基本权利有这平等的假定呢？它是否有见于所对付的人数的过多，恐其他任何假定足以引起无从措手的麻烦，才这样地使问题简单化呢？它是否因为人类常对于任何应得的显赫具有一种本能的嫉妒，才造出这个必需的拟制呢？据著者的判断，这些都不是它的真实原因。

在一方面，这假定是一种直率的承认：这些被忽视的差别是与本题无关的。在任何涉及权利和义务的场合，人和人间的大部分的差别是与本题无关的。就普通情形言，一个人的应否偿债一问题是和他的体重、肤色、家族史，绝无关系的。我们说，在偿债的义务上，人人都应视为平等。这句话只是一个具有逻辑意义的原则。

亨利·梅因爵士（Sir Henry Maine）[1] 本不是一个喜欢平等假定的人，但当他主张："社会的进步是由身份到契约"（From Status to Contract）时，他就不知不觉地予该原则以有力的支助。身份一原则——它自身是一个人造假定的大巢穴——曾对于不应齐一的人，造成了齐一的阶级待遇；它对于不应差别的，却造成了差别待遇。契约原则的优点就在它具有一种倾向：将一个社会里的分子，各依他们的所宜，而拣分成诸种不同的职分。它的方法是将人们在选择自由一点上置诸平等地位。他们既能自由选择职业，就容易找到适宜的位置。在这里，平等假定的意义是："将与本题有关的差别原因，来代替无关的差别原因。"

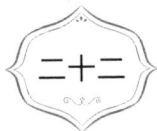

二十二

为进一层证明该原则的上述意义，我们更得注意：当一种差别对于一项权利或一项义务具有显著关系时，法律立即顾到此种差别。

---

[1] 亨利·梅因（Henry Maine，1822—1888），英国法学家，古典派学者。曾在剑桥大学、牛津大学任教，曾任印度总督议事会的法律专员、加尔各答大学校长，著有《古代法》《村落共同体》《早期制度史》《早期法与习惯论集》《国际法》等。——编者注

是以，一个人的是否"对于自身利益具有判断能力"，[1] 系与债务问题具有关系。当我们假定不具有这种能力时，例如未成年人、经宣告的精神病人及其他被监护人，则法律立即取消对于他们的平等假定。

法律的现有趋势确是在进而顾到与权义有关的较精细的差别程度，甚至于根据各个人的应得而各为处置，例如，宁使刑罚较适合于犯人，而较不适合于犯罪行为。一条法规苟具有生命，而不是机械的，则在援用时更会自然而然的趋于"个别化"（individualization）。倒转来说，若是个别化系产生自承认与本题有关的差别时，我们得视它为一条具有普遍性的法规的援用，在该条法规下，人人都是平等的。赛跑者所以达到终点时有先后者，正因他们的赛跑是受相同的条件所限制。

二十三

至此为止，我们的结论是：在尚无法律上所认为与本题有关的差别的限度内，法律假定社会中的一切分子都是平等的。

---

[1] 梅因：《古代法》（Maine : *Ancient Law*）第五章尾。——原注

　　但这个结论只讲到了所谓"法律是假定的"的表面。因为我们有时看见法律对于显与本题有关的差别，竟故意视若无睹。例如，有些人显然的比他人较适于生存，而法律则仍坚持着认他们都有平等的生存权。我们不难举出几种情形，它们是有关于生存适宜性的。出生和性别当然和这点无关，所以我们更不应因婴儿为女性或生于穷苦家庭而予以抛弃或残杀。但是道德的堕落、一般的财具、个人的患难和对己对人的累赘，苟超过了某一种度，显然的会损害生存适宜性，正像它们会损害生存欲望一般。这点在一般人的判断上本极明显——无论他们在应用上或会错误。然而法律在生存权的假定上则丝毫不示让步。你或我的是否适于生存，或适于生存的程度怎样，法律完全不问它，甚至不允许我们判断自己的适否生存。它只训示我们和医士们：

　　不得杀死任何人，无论我们已有了最充分的理由和最明显的事实，认为那人不应再活。除非我们有了极重大的犯罪行为，法律绝不会对这假定有所犹豫。并且法律决不因犯罪者所杀的是一个恶人而减轻他的犯罪。

　　在这里，生存的权利就成了一个假定的权利。这意义是指：它是一个经过熟虑后所赋予的人造的平等权。著者认为这点的理由是和全盘立法事业具有重大关系的。在下述第二条界说里，著者将予这理由以说明。

原则二：法律的假定是一种创造性的假定：它们指向着所欲达到的状态，因此，才不顾现实的状态。

二十四

平等的假定或会反乎现状，但决不反乎我们的希望。实际上我们并非平等地适于生存，平等地应负责任，平等地应得法律的保护。但我们得具有此种希望，则绝无疑义的。

苟进一步言，在任何可受感动的心理上，凡对于所希望的状态设定一种假定，则该假定自身即是一种力量，足以促成所假定的事物，换言之，它足以创造此种事物。我们待遇儿童时，苟视他好像具有比较实在年龄稍大的年龄，这样就可帮助该儿童达到成年。所以"稍大"者，则因为一个假定苟与实际相去过远，就会失去它的效用。法律上基本假定的理由是在这里，而它的限度也在这里。它们苟因离事实过远而不复具有创造性，则它们的存在理由也就失去。

二十五

　　政治上民主政体的假定所以能适用于某某民族而不能适用于另一些民族者，乃原因于上述原则。事实上本没有一个民族能绝对吻合于这个假定。选举平等权的假定是否不离事实过远，和能否成为有效的假定——我们是否应该在基本法内重新承认有关本题的差别点——到现在还是疑问。性别当然无关本题，但知识或有闲性上的差别则很有关系。但我们暂时的假定是：平等适宜于选举的假定，将促成选举的平等适宜。这很像一切职业具有平等尊荣的假定和废除特权阶级的假定，曾促成农奴阶级的消灭和社会中的自尊的风气。

二十六

　　亚里士多德的奴隶制度论的错误，并非在他对于人性有何错误观察，而是在他不知道第二个原则，亚里士多德所谓：有些人是天生发命令的，有些人是天生服从的；又谓：有些人的智慧足以了解命令，但不足以拟发命令。这些话著者认为都是真实的。但他所没有见到的却是：法律不应只接受此种状态，视之为"静止的"和"永久的"。苟如是，他就把人性的基本事实弄错了：人性是永远在向着期望而自己完成的。

亚里士多德已在同书里提到这个希望。他说：最好的政治是对于平等者的政治，而不是对于卑下者的政治。我们苟接受了这条原则，就是：立法的任务是在用假定（和其他方法）来促成所希望的情状，于是法律理论就全部改变了。

二十七

对这点，卢梭（Rousseau）比亚里士多德持有较妥当的法律功能的概念。我们所尤感兴味的是：卢梭在这点上是和他的整个思想体系的其他部分不相调和的。一个力主民主论的卢梭，在这里竟极端不信任一般民众有自己立法的能力。他的理由是：制订和接受完善法律时所需的知识和智慧，必须产自法律自身。

"欲使一个新成立的国家能容许完善的法规，……我们必须使它的效果变成它的原因；社会精神本由国家—制度所形成，但我们必须使它控制国家自身的诞生；人民本来也是由法律所造成，但我们更须使他们先于法律。"

在法律应该大大改变人性一点上，这位公认为自然状态论者，实在讲得比任何人更为激烈。

"凡敢于为一国制定制度者，必须觉得他自己确有能力来变易人性，使每个独立自足的个人都变成一个较大体中的一部分，并用社会的及道德的生存来代替我们从自然得来的独立的物质的生存。……自然的能力愈是被毁，则我们学得的能力愈是坚强，各种制度愈是完固。"

但法律对于人的塑型具有创造的作用，它就必须知道它所意欲造成的型式是什么。从现存的和过去的事物里，它绝不能找到所需的指导。它不能只是消极地接受历史所造成的，和相对于任何特殊情形的事物。它必须选择、认定和了解它自己的将来，并且必须根据它对于人性的可能性的洞鉴。但这洞鉴并非每个人所具有——也不是每个立法机关所具有。于是卢梭不得不采一个自相矛盾的说法——一个激烈民主论者的矛盾说——就是："我们必需一个上帝，把法律给予人们。"

"我们必需一个最高的智慧，他能见到人的一切欲念，而自己却超越此种欲念；他和我们的性质没有丝毫关系，而却彻底知道我们；他的快乐并不有赖于我们，但他很愿意来注意我们的快乐。最后，一个人能在时间过程中保存着一种将来的光明，他才能在一个时候劳动，另一个时候享受。"[1]

现在我们正可听受些卢梭著作中所未为当时人听受的教训。法律不仅是行为的调整者，它更是性格的制造者；它能使人类成为奴隶，也能使他们在精神上获得自由；它能放任人类的兽性、懒惰和愚蠢永久存在于群众间，但它也能承认雄心、荣誉、公平、博爱等观念使它们成为一个国家的传统性质。它在此种工作上，不只靠它所明白表示的，而尤须靠它所假定的或所希望的；因为后者是沉默的，所以它更具效力。

二十八

这样的一个法律观念足使真正的民主政体和下述二个主张相辨别：一个错误的民主政体和一个错误的贵族政体。错误的民主政

---

[1] 上面所引都系从《社会契约》（*Social Contract*）第二卷第二章。在第一卷第一章内，我们也能找到同样活跃的文字，讲到法律的创造性的效果。——原注

体系根据于人在道德上及政治上一列平等的理论；同样错误的贵族政体则根据于在道德上及政治上绝不平等的理论。在事实的说明上，贵族政治论者实较为真实（虽是他们的主张过于容易，因之全无意义），但他们的错误点却在：他们对于不平等一事实认为无可改造。治国者的主要问题是在：我们是否希望在道德上和政治上人人都能平等、互相亲爱如弟兄、各人自尊并具有责任心，直到"和他的同伴一样美善"。我们的希望苟真如此——事实上确是如此——则治国者的责任就在使它们能够实现。他们必须为了实现将来的民主政体，而终身尽力；他们必须自己献身于社会契约——并非神秘的古代所签订的契约，而是现在和将来的各个人的自由精神所能参与的契约；他们共同核准一切过去历史中的约束、努力和梦想。

二十九

但同时法律必须治理实际的人。它的假定必须在现时已能发生效力。我们所说的假定，像生命权一般，系归属于各个人，并且以人性的底层中所现有的潜能作为对象。是以，我们对于这些创造性的假定，必须从人性中去找它们的存在理由。下面的第三条原则就将说明此点。

❧七、自然权利❧

原则三：自然权利是一些条件，在这些条件下，个人能力才能得到常态的发展。

三十

著者认为，二三千年以来的社会哲学的研究结果，没有比了下述一点更为显著：社会的生存和繁荣必须出之于各个人的本有的冲动。亚里士多德对于柏拉图的理想共产主义所予批评亦不外：利他主义自身必须产自个人中心；一个人要施予，必须先有所有，社会束缚不会比了所束缚的个人更为强固：所以我们要获得一切社会福利，必先发展社会中的个人。

黑格尔之所以热烈欢迎亚当·斯密（Adam Smith）[1] 的经济

---

[1] 亚当·斯密（Adam Smith，1723—1790），英国经济学家、哲学家，西方经济学的主要创立者之一，被誉为"古典经济学之父""现代经济学之父"。著有《道德情操论》《国民财富的性质和原因的研究》（简称《国富论》）。——编者注

学者，原因亦正在此。亚当·斯密曾给予蒙坦维尔寓言中的矛盾论以较正确的说法：个人的繁荣变成了国家的繁荣。黑格尔把这条原则普遍化了，使它成为近代国家的基础。"近代国家实具有巨大的力量，使个人主观性一原则能自己完成，以达于各个人特殊性质的独立极端"。[1] "我们苟没有一个特殊性的个人知识和意志，来坚持他的权利，则普遍目的就显然不能有所进步。我们一方面固须予普遍性以积极的促进，但在另一方面，主观性也必须获得充分的和有活力的发展。"[2]

对于这同一论点，现在却另有一种不同说法。这个说法里采用了"机能"（function）一名词。个人的活动乃所以达到个人的目的，但同时它在一个健全的社会秩序里，也完成一个公共的机能。例如商人，他的个人的谋生活动同时就完成了一部分社会营养的机能。狄骥（Duguit）[3] 认为：个人的所以有权利，就因为他有一种机能；权利的范围更以机能的范围为限；权利是一些条件，只在这些条件之下，才能完成该个人的机能。说得更妥当些，个人所有的是一种机能，而法律在好像保护他的权利时，实质上是在保护它所希望他所应尽的机能，若是他的

---

[1]《权利哲学》（*Philosophy of Right*）戴克（Dyke）英译本第二六〇节，或248页。——原注

[2]《权利哲学》，增卷第249页。——原注

[3] 狄骥（Léon Duguit, 1859—1928），法国法学家，"社会连带主义法学"奠基人，"波尔多学派"代表人物。著有:《拿破仑法典以来私法的普通变迁》《公法的变迁》《宪法论》等。——编者注

机能需要财产，社会就予他的财产以保护，并且亦以此为止。所以，凡财产之非为机能所需者，该财产就不复成为权利。

　　"个人本来没有权利，团体也没有权利。……但每个个人在社会中都负有某种机能，须完成某种工作。我们不应妨碍他完成机能或工作，因为社会将因妨碍而受到损害……他在完成他因在社会中所处地位而负的使命时，社会就应保护和保证他的一举一动。"[1]

从这点看来，国家的利益和个人的利益原来是分不开的：个人机能的发展乃是二者所有幸福的不容分开的一部。

三十一

但社会无从把权利适调于实际的机能。这是"机能"说的根本的错误。社会无从适调，因为在社会的机能里还有许多尚

---

[1]《私法变迁概要》(*Les Traneformation Generals du Droit Privé*) 庞德 (Pound) 英译本。更可参考陶霜 (R. H. Tawney，英国社会哲学家和经济史学家，1880—1962)《占取的社会》(*The Acquisinie Society*)。——原注

未为社会所知道，或未为完成此种机能的个人所知道。

就机能来说，则最重要的一点是：社会秩序是有赖于天才的施展，而此种天才却不容强迫或依规律来预测。任何社会组织必须由个人来主持，该组织工作的良好与否，实全恃该个人的本领。你设立了几个行政或司法机关，于是你再物色相当的行政人才和司法人才，来担任这些职务。当时你固深信一定能够找到这些人才。但实际上你的区域内或竟没有合格的人才。这时你不得不降格以求，或竟抛弃你原有的计划。就整个社会讲，苟每人都负有一个机能，并且苟像狄骥的说法："这些机能是不容许他不负担的"，则任何社会中的最重要问题似乎是一个材能知道德心的收获问题，[1] 即是人才的问题。

著者关于此点的信念是：我们所谓权利，并非只是一组促进完成机能的条件，而实是一组"促进发展能力"的条件。

社会，也是法律，所应该应付的实际事实是这样：没有一个人能知道任何人的可能性，甚至于自己的可能性。无论人格究竟是什么，它始终是一个不容预料的源泉：它的不可知的原素是在那不可知的和充满了希望的性质里。我们绝不能武断地知道：一个人的能力已在什么时候达到了它的限度。

但无论如何，个人和社会都有赖于这个未知的和不容知的

---

[1] 译文可能有误，应为"一个才能和道德心……"。——编者注

事物的发展。这里我们所确知的成分是：在个人能力的常态发展下——无论是些什么能力——社会是一个假定的受惠者。这句话的另一方面是：该发展的被阻，足以招致社会的和个人的假定的损害，这损害是无容计量的。

在这确知的和不知的事物的基础上，我们建筑起正义的全部假定结构。个人的应该发展他的能力——无论这能力是什么——是客观地合乎正义的。这客观正义乃是法律权利的真正标准。法律权利是一些条件，或应该是一些条件，在这些条件下，我们假定个人能力能得到最好的发展。至于该项能力的能够适合于机能，则是我们所必须确信的；我们苟愿意，也能诉之概然性的统计。一个婴儿在具有机能前早就有了权利：在这里，权利和机能是绝不相关的。无论什么，只需能使人的能力获得自然发展，它就是假定权利。

大部分的能力苟在自由的条件下始得获得最良发展——事实上确是如此——则自由就是一个假定的权利。除了我们确知有些人在奴隶地位中较能发展他们的权利外，我们必须假定个人自由为一个权利。传说若是可信的话，伊毕克坦特斯（Epictetus）或伊索（Aesop）[1] 的个人能力是在奴隶地位上能

---

[1] 伊毕克坦特斯（Epictetus，约 50—130 年）是一位希腊哲学家，约生于西历纪元后五十年，起初隶奴隶籍，后在尼罗（Nero）帝时获得解放，成自由人。他的哲学主张是属于斯多伊克（Stoic）学派。他有两句格言："除了意志外没有善恶"；"勿作预测或指挥事物的妄想，只须以智慧接受事物"。他所悬拟的人的极则是一个（转下页）

得最好的发展——他们大概在不如此严厉的纪律下就不能发展他们的能力——则在这两个人，奴隶地位就成为一种权利。但这事实是否属实，你、我和任何人都不知道。甚至于这事是否将对于有些人成为真实，也只有上帝知道。因为我们对于这事不知道，所以我们不能假定：人的能力在自由和奴隶地位中能得同样发展。事实上，我们的假定正和它相反。是以，除了特殊情形能提出相反的证明外，个人自由将永远是合乎正义，而奴隶制度则永远是违反正义。我们的意思是：权利是一些条件，在这些条件下，我们必须假定，人的能力能获得最好的发展。

三十二

因为全人类对于这一点所不知和所确知的程度，是差不多

（接上页）"无室无家，一衣以外无长物，忍受苦难，对鞭挞自己者爱之如父兄，哀怜其无知"的人。

伊索（Aesop，620—560 B.C.）以寓言闻名当时及后世。其平生已不可确考。据通行的传说，他原是一个奴隶，后被解放始获自由。普鲁他克的《七贤宴会记》（Plutarchs：*Sym-Posium of Seven Sages*）一书中，载有这辈希腊贤人对于伊索所为嘲笑，说及他曾隶奴隶籍，盖当时伊索正为他们的上宾。

著作引彼二人，乃因他们幼时都是奴隶。——译者注都相一列，所以我们能使大部分的权利体系成为机械化。

我们苟在这里已获得了权利的真正理由，则同时也就获得了停止权利的理由。因为我们也能和道 [1] 某种使能力不能获得发展的条件。例如，苟恶意是一个条件，足使人的能力不能自由发展或循正轨发展，则恶意一旦证明，它所有关的假定权利就须停止。倒转来说，诚信是任何假定权利的条件。凡一个人没有诚信，他就没有任何假定权利，除了一个尚容有变更思意的机会权利。因为思意的证明很是困难，所以法律的承认这条原则，也不会完全扰乱了假定的机械性。我们不必预先恐惧：这样一个主观性的标准将混淆法律的执行。反之，我们所应恐惧的危险是：正因它是主观的，所以不能完成正义所需要的变化。

社会在赋予权利时必得甘冒二个难以预测之点：一、这权利果否能够发展个人的能力；二、所已发展的能力果否有益于社会。这二点的难以预测是不可避免的，它使欲借计算社会利益以发现权利的全部企图，成为不可能。

原则四：我们有一个自然权利，只这一个。

---

[1] 原稿似乎有误，"和道"应为"知道"。——编者注

三十三

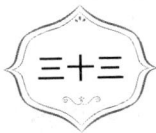

　　苟许多不同的假定权利确然是促进个人能力发展的许多方法；苟法律所以合于正义只是因为——也是只限于——它具有这促进效力；反之，法律苟丧失这效力，它就同时丧失它的正义性；于是，这个估量正当性或正义性的准绳就给我们以"正当"或正义的性质。它定义了我们所谓的自然权利。它当然更定义了权利。

　　一个人得应该发展他所具有的权力，乃是合乎正义，或是绝对合乎正义的。我们也能这样说：他具有一个"自然权利"来发展他所能发展的。这是他所有的唯一的自然权利。至于他对于自由、对于谋取幸福（除非这是指发展他的能力），甚至于生命，都没有所谓自然权利或绝对权利，除非我们能证明人的生命乃是这发展的一个不可缺的条件——这证明却是很不容易的。并且甚至于这个自我发展的权利也只在它的永久性和它的不容为外力所移让的一个意义上，才能说它是绝对的。但这所谓绝对并非指它没有任何条件。一个人得停止或永远抛弃他自己的权利，或凭他的自由选择来不发展他所能发展的。这样的自由意志并非是这个不容转让的权利的主体。自我完成的意志才是它的主体。凡"道德企图"（moral ambition）存在之处，亦即该权利存在之处。

我们必须假定："道德企图"系存在于人的潜意识界（sub-consciousness），所以甚至于当意识的自我已把该企图摈弃，但只需社会尚有使它发为动作的可能，它还是存在着。这好像救生者必须假定溺水者尚具有生命，直至他已用尽了他的救助恢复呼吸的一切可能方法。

三十四

这里我们好像已踏进了法律原理所不能进入的区域。但这只是表面如此而已。我们上面已经说过：法律只能及于假定权利，它只能执行些已经由具体标准定义后的假定权利。这样说法当然是很对的，但苟定义尚时时在变易，且在许多已存在的定义间，选择当时所适宜的定义时，法律尚须诉诸未经定义的准绳，则这时法律，和道德家一般，就必须知道这许多定义的唯一共同渊源。当律师遇到这些最后的基本事件时，他将自然地抛弃了完整法律的便利，而接受普通人的不很安适的态度。

这些基本事件是活的，不容捉摸的，所以只有我们的直觉才能接近。

这是柯勒和施塔姆勒所被迫而最后采用的方法。

三十五

我们现时所采用的标准是和施塔姆勒、沙兰易（Saleilles）[1] 及法国其他的自然权利学派的标准，有一点相近。它们同样是一个正义的标准，并且同样地树立了"不得违反正义"的原则，作为立法和司法的规范。这点是和柯勒及其他新黑格尔派相异的。

但我们的标准也和上面的许多人都不相同。它并非是一个不具内容的纯粹方式，更非一般人间的"纯粹社会"关系。我们所采的是个人的意志，该意志所企求的具体福利，和该企求（我们称之为"道德企图"）对于一切能予它以影响者的要求，无论这些能予它以影响者是具有立法权能的个人，抑是社会。

---

[1] 现译萨莱耶，雷蒙德·萨莱耶（Raymond Saleilles，1855—1912），法国法学家，著有《对德意志帝国第一次民法典草案中责任的一般理论之研究》《论意思之宣告》《论不动产之占有》《论法人资格》。——编者注

施塔姆勒派的错误是在他们认为一个纯粹的方式足以使任何事物成为合乎正义。其实足使任何行为或任何法规成为合乎正义的，只有一个东西，就是利益。足以辨别一条法律是错误的，也只有一个东西，就是一条比他更好的法律，或一个更好的法律概念；而足以赋予法律以较好或较劣的性质者，却只在它能否促成具体的结果。就这点讲，耶林（Rudolph von Jhering）的思想应成为此后一切法律哲学的基础。

施塔姆勒所谓：任何特殊目的，除了对于怀有它的个人外，不能加予任何其他意志以拘束力；这句话诚然是很真实的。但这真理的推论并非是：我们必须从这标准里除去一切内容。它的推论应该是："这标准必须包含一个对于一切意志都有利益的内容。"一个纯粹社会并不是任何意志所关心的东西。一切意志所关心的乃是一个企求公共福利的社会。我们在上面所说的就是：无论公共福利的性质怎样（柯勒的"文化"确说明了它的大部分），它必须包含个人的发展，这是一切其他福利的先决条件。艺术、科学，和控制自然界的技术，都是这公共福利的一部分，但依柯勒的说法，这些东西好像能离开享受者、艺术家、科学家、技术家等等个人而独自存在。我们却指点出：这些文化的各部分，苟离开了这些个人，就不能存在。

就教育上讲，一个能传授的文化诚然是发展个人能力的主要源泉；个人的发展始终不能很高的超出遗传下来的社会的精神财富的限度。但在另一方面，文化的生长及存在却有赖于已经发展的个人才能的鉴赏。所以，这些才能的发展才是权利所关心的东西。

三十六

用一个纯粹方式来调节法律的企图，不只有一个消极的不便，它更有一个积极的危险。因为它不得不假定：意志间的冲突本身是一个罪恶；而意志间的和谐本身是一个善端。它倾向于对冲突自身加以判断，而不知道冲突自身实在是几个具体判断相互间的一个争点。它更倾向于认为：几个特殊目的间的冲突事实即足以证明这几个特殊目的都是错误的。但实际上则决不如此：在任何冲突中，一个意志常比另一个意志较近于正义，对于这些案件，"和谐"一词实在不能解决些什么，虽它确指出了所欲达到的结果的方式。我们所必须得到的，也是法律所必须帮助我们获得的，乃是一个根据于予争点以正义判决的和谐。此意义以外的一切即非我们所需，也非我们所能获得。是以，和谐只能成为次位的准绳（secondary guide）。

三十七

我们的标准所以别于上面几位学者，也是所以别于前此所曾提出的任何标准者，还有另外一点，就是：它能表显我们所给予各项权利的差等的重要性。先期的自然权利学派的最大错误，并非在他们树立了一个绝对权利，而是在树立了过多的自然权利。在他们所开名单上的每一项权利都是固定不屈。像国家主权一般，每个权利都各自独立而处于最高地位。在这样一大窠的绝对物中，我们就再也找不到生命。它们不得不互相妥协，但任何妥协均足致绝对性于灭亡，于是经验的自然结果只有将它们完全抛弃。到现在，"自然权利"一个名词，只在"保证具有变化的内容"的安抚人心的告示下，才敢提出。

其实这个辩白是不必要的。任何人只须是提出任何标准，他一定就是提出一个绝对标准，无论它是否这样标明，我们对这个逻辑正不必畏惧。只当我们已能超脱了对于名词的畏惧，尤其是超脱了最下乘的学者所有时尚及恐惧的虚伪时，我们才能得到学术上的真正进步。"绝对"和"标准"原是二而一的名词。

但一个真实的标准必须能做到标准所应尽的工作。它必须能够解释我们现有的诸种权利的意义，更能领导我们得到现尚未有的诸种权利。它的解释是将诸种权利依次排列，也就是表明它们怎样从标准里推演而得。这排列包含两部分：先是排列诸种权利于标准的本身之下，然后排列诸种权利间的顺序，而表明它们的重要性，哪些是中心的和重要的，哪些是周围的和较不重要的。它能给予法律原理以一种粗简的数量性。我们认为这数量性正是法律现所需要的事物中的一项。

从一种意义上说，虽每一条法规即是"法律"，它具有整个法律的尊严；每一个违法行为即是一个对于"法律"的反违，所以一点违法即是违犯整个法律。但从另一方面说，可宽恕的罪过和重大致命的罪犯间的区别，总会跻进立法者及法官的透视。法律和权利的主体的心理状态，总难摈于法律结构之外。我们可以看看它的几种结果。

三十八

威斯脱马克（Westermarck）[1]曾推究道德观念的历史渊源系

---

[1] 现译韦斯特马克，爱德华·亚历山大·韦斯特马克（Edward Alexander Westermarck，1862—1939），芬兰社会学家、人类学家、哲学家，曾在芬兰大学、伦敦大学任教，从事家庭和婚姻、道德观念和风俗习惯的比较研究，著有《人类婚姻的历史》《道德观点的起源与发展》《摩尔人的神圣观念》《伦理相对论》《西方（转下页）

出自人类所具"无利害关系者的愤怒"的习性——就是：一个无关争端的旁观者对于侵侮他所表同情者的愤怒。亚当·斯密对于良心的渊源也有相同的见解。

但愤怒是有不同程度的。我们苟将不法行为予以心理上的定义如下："我们站在无利害关系的地位上所愤怒的东西"，则我们就能为诸种不法行为制成一个顺序表格——例如：从借得物的过失误用起，以至于一个恶棍的凶杀。

我们对于愤怒的程度上的不同，究能给予什么解释呢？——这些不同程度的愤怒，当我们想象遇到诸种假设的不法行为时，或想象历史上的不法事件时，即可体验得到。在这里，我们是否受支配于禽兽时代的遗传性？凡不合于我们远祖的禽兽时代社会的反社会性行为，我们是否对之最感愤怒呢？苟不然，则在人类的愤怒，和将来的人类社会的福利间，是否存有更合理的关系？

三十九

在著者看来，历史对于这点已表显得很清楚。骤然的狂怒确是禽兽时代的遗传物；直到现在，我们对于直接加诸身体的

（接上页）文明婚姻制度的未来》《基督教与道德》等。——编者注

暴行，比了一个影响全国而很雅致的犯罪行为，仍本能地更觉得愤怒。但后一类的对于战争及革命等的愤怒实在具有另外一种性质。人类对于伪善的和雅致的掠夺行为实比了对于直率的残暴行为，具有更深潜的愤怒，这愤怒并非是人猿所遗传下来。人类所对之奋斗得最用力和最长久的，乃是石器时代的人所从未梦想到的事物。

这点关于愤怒的新度量，只有借自我意识的生长才能解释。申言之，人类对于内心里所朦胧地认为自我的伸展区域，正在逐渐增加其欲予以保护的心理倾向。就心理上讲，我们现时对于损害田地的行为所怀的愤怒，已较之对于损害谷物的行为所怀愤怒大得多。良心和虔信都是围绕着我们人格的伸展区域的边地，也是个人及社会的生命所寄的新思想的嫩芽。我们对于这些事物已能清晰地感觉到，这事实表示：人类个人已认识了他的自我发展的权利的最高重要性，和用这个标准来衡量其他权利。

"能生产的"（generative）不一定比了"所生产的"（generated）更为重要。在人类的历史中谷物比了田地，赤鹿比了弓矢，确曾被视作较为重要。但当人类"已从船底里爬了出来"，价值观念也就倒了过来。他们已开始在珍视着和保护着"能生产的"，对于任何足以危害它的事物，表示了最高的愤怒。

这点就是宗教在历史上对于立法所予深远影响的不容磨灭

的重要性。有组织的宗教对于法律所具直接效力现在虽已不存，但它所代表的心理原素却不因之就被毁。若是杀婴、堕胎、自杀的犯罪行为，曾特别的见责于较古的宗教精神，因为它们是有关于"灵魂"的犯罪；若是清教徒的价值顺序曾无微不至地渗入了它们的政治设计，则我们无论怎样地将它们的狂妄的细目小节加以修正，但它们对于相对的重要性的一般直觉大概将继续存在下去。我们现时仍觉得生命权比了财产权更为神圣，真正宗教性行为的自由比了集会自由更为重要。

诸种权利的价值顺序，乃被决定于它们对于个人智力发展的相关程度。

四十

哲学所贡献给法律的指导公式，苟没有这样一个数量性的权衡，它就绝无益处。

正像施塔姆勒的"团体"原则，苟能始终止于纯粹方式的区域里，将成为一无用处，或令人转入迷途，所以任何企图，苟想只借了汇集诸种有关的利益，来指导法律，也将同样地令人转入迷途，除非它更提出一个衡量这些利益的重要性的方法。

若是一个刚才出生的婴儿，正遇着生命的危险——譬如说他是一个身躯不全的婴儿——这里的有关系的利益究竟是些什么呢？母爱的利益吗？——这时只是一个可怜的痛苦的利益，——"个人生命的社会利益"吧？——这时的判断是倾向于把它毁灭了。在事实上，这些利益已骤然变成不确定及无从计算，因为它们所根据的主体已成为不确定。但我们苟能够认为这小生命能自己尊重自己像一个人的生命，且将达到一个我们所谓"道德企图"之境，则我们也就会立刻重视他。这就是宗教所注意之点，就是宗教所提出的：那里是否有一个灵魂存在？有组织的宗教对此问题，诚会像任何人的判断一样，于答复时将摇曳不定，但对于"这究竟是个什么问题"上，则它就绝不会犹豫的。总之，"调适一切有关的利益"的一个公式，仍像"和谐"一般，不能得到要领，除非我们另有一个根据，能借以知道为什么有些利益比了其他利益更为重要。我们在排列此种利益的重要性的顺序时，实在即是制成一个在我们所谓"意志"范围内的人类本能的系统。对于这点，著者曾在他处详细讨论过。[1] 我们这里所须注意的只是：我们的标准确曾为此种衡量留出余地。我们现在可以讨论：我们是否能够使我们的权利的一般原理，对于法学家及立法者的工作，发生较密切的关系。

---

[1]《人性及其改造》(*Human Nature and its Remaking*)。——原注

八、对于立法者的几个特种指导

四十一

哲学家的任务是在将法律系联于物性的永久基本，而非在进入特种法律结构的区域。后者是法学家的工作。法律遇到了柯勒、施塔姆勒、霍母斯，[1] 或庞德，诚是大幸事，因为在他们，法学家和哲学家已合于一人。但造诣较狭的人则只能自足于自己的区域，直等到他已经确知自己的区域已与相邻的区域发生了关系。

我们已为法律树立了一条普遍标准，就是：个人的自我完成的自然权利。像一切的普遍原则，它比了较接近于特种法律

---

[1] 现译霍姆斯，奥利弗·温德尔·霍姆斯（Oliver Wendell Holmes，1841—1935），美国法学家，美国最高法院大法官，曾在哈佛大学任教，对约翰·杜威、罗斯科·庞德、吴经熊等人的法律思想均产生过影响，著有《普通法》《霍姆斯法官的司法见解》。——编者注

问题的特殊原则，反较为不切实用。但我们已说过：较特殊的权利原则只是"假定的"，若是假定有变易，它们也须跟着变易。它们的实用性是以相对性换来的。

但著者相信：我们对于个人发展的几种条件是有理由视为具有永久性的，这和几种心理学上的定理，对于任何人都具有永久真实性，正复相同。我们苟能举出一组像这样的永久条件，我们就能得到一个有似自然正义的法典的东西，和一组较切实用的次等法律标准。

我们在考虑一个人怎样达到他的最高发展时，自然须顾到二组条件：一是他的身体和活动的条件；二是他的环境的条件。我们现在得一究我们在这两组条件里是否能找到些具有永久性的东西。

四十二

我们得先予"人"以一个定义，"人"是一组概念，努力于控制一个物质的身体和它的相邻物，我们所谓一个人的发展实指这些概念愈成为清晰有力，和在控制上愈形有效。这里我们应注意：依这些概念的本性，它除了被具有它的人使用外，就没有其他东西可使它发展。一个人勉强地实行他人所思想的，实在没有使用他自己的概念，所以他并不在发展。这一点给我们以一个发展的永久条件。它更给我们以自由的定义如下：自由是一个人使用自己的概念来控制自己的行动的权利。

这些行动复能视作具有三个方向——控制自己和自己的生活；控制他人；控制物质世界。这些足以表示自由权的几个永久性。

（甲）这是永久真实的：一个人要得到适当的发展，必须使用他的概念来管束自己的身体，自己选择职业、住所、朋友，自己决定自己的礼貌和道德行为，在这些决定上，须自为尝试（限于它种权利所限制的范围内），将自己的生命诉之于自己的良心，证实于自己的信仰——信仰可定义为人性发展点的培养。我们对于这样的使用一个人的概念的权利（普通称为人身自由权、信仰自由权等等）得称之为自治的自由权（right of liberty in self-management）。

（乙）这是永久真实的：一个人要达到适当的发展，他必须使用他的概念来努力说服他的同伴。一个概念要具有生命，它必须在具有它的个人外，更能进入他人的头脑里。他的自我传播的本能（和其他利益）迫使他不得不和旁人交谈，宣传他自己的见解，缔结朋友关系，加入党派，和树立试验性的团体。这些团体中的最基本的和最持久的即是所谓家庭：在这里，两个人管束了从二重源泉所发生的诸种概念，使它们趋于一致，来得到一个生命的共同调节。我们对于这样的使用一个人的概念的权利（普通称为言论自由权、结社自由权，及诸种关于家庭的权利）得称之为取得社会约束的自由权（right of liberty in seeking social control）。

（丙）这是永久真实的：一个人要达到适当的发展，他必须使用他的概念，来控制物质的客体。它在某种范围内已包含于甲、乙两项中，因为自我控制和加于他人的控制是大部分实现于物质客观的支配。正像一个人不能不吃东西而达到成年，所以他不能没有对于物质世界的某种控制而完成自我。

这是我们普通所称为财产权的复杂权利的绝对元素。我们通常将这权利归之于我们对于物的使用及享受的利益。这种利益诚然站在我们对于财产所有心理态度的最前线。但这权利的永久原素则系出自一个较深在的利益，就是：我们的所以使用物质客体物乃因为它是个人发展的必需条件。我们称这权利为控制自然界的自由权（right of liberty in controlling nature）。

这些自由的三个方面，都是自我发展的必要条件，我们不能说那一个比另一个更为重要。它们虽多少都同时存在，但第一个实比了其余两个更为切近，所以应给以较大的重量；其他两个就依上列的顺序。

四十三

　　某程度内的恐惧和危险正构成生命的兴趣。詹姆斯（William James）[1] 所以选择他的实效哲学（pragmatic philosophy）者，最大的原因是：他认为这个哲学不使人感着绝对唯心论（absolute idealism）所具有的可畏的安静。沃拉斯（Graham Wallas）[2] 更认为：人类的喜欢危险乃是社会心理中的基础动机。但柯勒则见到人的理智确能对于意外事件的领域予以限制。他并且提出一条定理如下：文化永远是一个理智的境界，它使无谓的意外事件减至最少额。

　　探险家都是某种和某程度内的危险贪嗜者。他甘冒生命的危险去探寻北极，苟他确认北极是一定存在，交通方法又给他有达到北极的把握，并且他的探险苟获成功，则一个具有地

---

[1] 威廉·詹姆斯（William James，1842—1910），美国心理学家、哲学家、教育学家，实用主义的倡导者，美国机能主义心理学派创始人之一，美国最早的实验心理学家之一。曾当选美国心理学会主席、国家科学院院士。著有《信仰意志》《实用主义——若干老想法的一个新名称》。——编者注

[2] 格雷厄姆·沃拉斯（Graham wallas，1858—1932），英国政治学家、心理学家、思想家，费边社会主义的创始人之一，曾在伦敦海格特学校、伦敦经济学院、伦敦大学任教，著有《政治中的人性》《"伟大的社会"：一种社会分析》《我们的社会传统》《天才的思考》等。——编者注

理好尚者的团体就会认该工作是极有价值的。但绝无意义及绝无可能的危险，则绝没有人愿意去尝试。对于此种无意义的危险——火灾、疾病、暴风、战争——人类和各国都正在尽力设法保证它们的不发生。甚至于两极探险家或现代步兵现在亦多保有寿险。这样看来，最夸大的实效主义者也不免和柯勒及黑格尔同意。

人的生命中现时尚未扑灭的危险，大概在任何时间已足能够满足一般人的冒险欲。但无论如何，我们必得承认：人类不会愿意回返到以前的状态，那时必须耗费巨量时间和精力，才能保卫生命及财产。我们得很合理的承认：人类从此种恐惧和耗费中获得解放，乃是人类较高能力的发展的永久条件。这就是说：人身的安全，和人的能力，在常态发展及行使时，所需要的财产的安全，在现时和将来，将永久是假定权利。

四十四

另外更存在着一种不具物质利益的危险。它是发生自相对人的意志的不可靠性。

这是无疑的：一个人必须在应付各色各种的人物上，自己造成他的品性，并且必须借着许多次的人事的失败经验，才能学得做人的微妙的判断。但"无定则"苟成了常态，人间的诚信少得无从互相预料时，则此种智慧即无需造成；在欺诈的战斗上，个人习惯的养成将反为有害。

只当人类的对人环境中已有一部分具有如物质界规律一般的可靠性时，人的能力才能获得常态发展。换言之，一个人的根据他人的诺言，而对之预期和信靠它的履行的权利，在现时和将来将永久是一个假定权利。

四十五

我们相信：这里所逐一指明的安全权，和上节的自由权，在将来任何社会中，将永久真实。苟将安全权像上述的自由权一般的详晰起来，我们将有身体安全权、契约安全权和财产安全权。

永久假定权利的纲目是如下：

自由权：

甲、自治

乙、设法约束他人

丙、约束自然界

安全权：

甲、身体

乙、契约

丙、财产

但它们尚未具有精确定义，足敷法律上诸项特种目的之用。

例如身体安全权尚需依人性中所易发生的侵害的种类而加以厘定，在我们的社会中，故意的侵害只占一个人所遇的危险中的绝小部分。我们所受侵害实多发生于邻人的过失，或间接发生于他们的行为，或发生于他们所未能控制的足以侵害他人的所有物。在法律和自我安全的目的上，一个人不只包含他的身体，此外更需加上他的行为、行为的效果、他的所有物和所有物的效果。一个社会不能完好地存续，除非站在此复杂体系的中心的理智，能控制上述的一切。

所以，我的安全权必须根据这个个人体系而予以如下的定义：我得假定，具有名义上控制力的理智，在实际上已确实具有控制权，因之，它所相当的体系能避免受到损害。这个体系就是我的姓名所代表的体系。

这个体系的复杂性的发展，乃和人的能力的发展，以及约束它的理智的发展，成正比例。法律苟能有效地促进个人能力的发展，它自身的工作也将因之加多，它的特种条规也将因之须加变易。只有安全权自身是不会变易的。在这点上，历史变易性和永久性好像已合而为一。

四十六

我们苟转头来看看英美国家现所施行的普通法，并抉出该法系的最基本的原则，我们就会发现：这些原则正和我们所演绎出来的假定权利的纲目互相衔接。这正是永久性和历史变易性的交点。

这方面是属于哲学的法学家的工作，现在他们已有了很好的发轫。

在庞德的《美国法导论》（*Introduction to American Law*）[1]中，他曾提出五条"法律设定"（Jural Postulates）。它们是表示美国现有文明中的特有理想；它们不一定是"放之四海，衡之古今"皆准的原则。但当著者在这里抄述该项设定时，读者得自己评判：在庞德氏的提炼此项设定的高妙工作中，是否已使相对性和永久性互相携手？

---

[1] 1919 年康桥腾斯特书局（Dunster House Bookshop，Cambridge）出版。——原注

法律设定一

在文明社会中，人们必须能得假定：他人将不加彼等以故意的侵害。

法律设定二

在文明社会中，人们必须能得假定：他们对于自己所发明的，以自己劳力所创造的，和在现存社会的和经济的秩序下所取得的，得为利益目的予以控制，并拨归自己使用。

法律设定三

在文明社会中，人们必须能得假定：在社会一般交往中，他们所与交接的人将根据诚信而行为，是以：

（甲）对于他们的诺言或其他行为所合理地造成的事物，得予以适当的期望。

（乙）他们将履行他们的诺言，一依社会道德观念所加予的期望。

（丙）对于因错误或意外情形而取得的在实际上不能合理取得的物件，他们必须将原物或相当物返还原主。

法律设定四

在文明社会中，人们必须能得假定：他人当积极行为时，对于能相当预见的结果，将加以相当注意。

法律设定五

在文明社会中，人们必须能得假定：他人苟保有某种物件，有逃脱约束而加人以损害的可能时，将加以限止或置诸适当限制内。

在第二、第三、第五条设定的详细内容里，我们得发现美国文化所具理想的特殊规定。但读者也显然能看到：庞德五条设定的所以异于上面第四十五节内所述安全的假定权利者，只是在详细节目上。事实上，我们得认它们系由该三种权利演绎而得。法律界的读者更不难发现：著者在四十三——四十五节里的讨论，不无受到这些法律设定的影响。

读者至此必能判断：哲学和法学间的沟通是否已经确定。著者则认为此项沟通已经做到，至少关于安全权是如此。

四十七

著者非谓这是法律和哲学间唯一的接触点，更非谓这几种假定权利是立法者唯一的哲学指导。

我们所主张的是：违反正义苟为我们所明知时，则"不得违反正义"一原则必须站在其他任何原则之先。但事实上，凡合乎社会利益的事物很多正是合乎正义的。它的理由是上面第十六节所说明的：凡确实知道是违反社会福利的事物，是不会合乎正义的，在这方面，我们的原则只指出个人权利中的一个固定点，凡国家或社会侵犯这一点，它们决不能有所获益。我们的原则更指出诸种假定权利怎样的具有差等的重要性。在极端的特殊案件中，个人绝对权利的需要，得使次位的权利屈服于社会福利之下。

这里是柯勒的伟大的实证论的著作和现代社会法学派的领域。

四十八

苟非因了我们所谓人的"诸种能力"的特殊性，法律哲学里这两个方面——社会利益和个人绝对权利——的关系，将难于确定。

一个人的"诸种能力"实是一个单一权力的诸方面，像我们在另一处所说明过的。在文明社会中，这单一权力所表显的方式并不是互相冲突的，反之，它的最高点正是和他人的权力互相帮助的境界。"表显于概念的权力"（Power through Ideas）才是人的特殊权力。只当这种权力所表显的概念已成了社会和国家的财产或仆役时，这种权力才能发生。是以，个人不能完成他的自我，除非已存在了一个社会或是社会所含蓄的精神生活已具有相当能力，来继续保有它所被托付的东西。个人永远不应该为了己用，或甚至于为他的精神自我所用，而牺牲国家的历史生命。

但国家的"存在"和"繁荣"间实具有很大的区别。个人不能主张他的自我发展的绝对权利，除非他准备为了国家的存在而牺牲自己和一切的假定权利。但他苟为了国家的繁荣、享乐、所有，甚至于秩序，而竟放弃了非他所私有的正义，则他就断送了他自己的和国家的完整的元气，这是社会罪恶的原素，这也是社会死亡的厉阶。

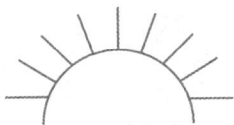

译后语

　　这本小册竟能在病困中断断续续地译完了。炉旁病起，从头校读，不免发现了很多不惬意的地方。但是病略好了，其他事务就一件一件的挤逼着来，再也找不出时间来详细修改。算了罢，它原是译者迻译法律哲学的初次尝试，就当它一件病中的纪念也好。在迻译本书之初，译者原怀着一篇大文章想借此一吐，现在译完了，离初译时已有整一年，以前想说的话，此时反觉无所可说。下面所写的只是一些零星散杂的说明和感想而已。

　　记得有一天和君劢先生 [1] 闲谈，我说："中国自己的法律史，早已整个地被切断了，现在的现行法原是为了国家存续的不得已，或是为了收回法权的必要，才生吞活剥地从外面硬塞进来的。"君劢先生很感慨地接着说："我国在其他任何方面，哪一

---

　　[1] 张君劢（1887—1969），原名嘉森，字士林，号立斋，别署"世界室主人"，笔名君房，江苏宝山（今上海市宝山区）人，政治家、哲学家。早年留学日本，后赴德国柏林大学深造，回国后任北京大学、燕京大学教授。曾参与起草《中华民国宪法》。著有《立国之道》《新儒家思想史》等。——编者注

样不是已像法律一般的整个地被切断了？但是我们终有一天将再造我们自己的历史。"

盲目地拒斥外来的法律，当然已不是此后再造自己历史的适当方法；但是实际上我们尤须反对的却是：既没有懂得外国法律的本意所在，和我国社会的真正需要，却只从外国法律的表面条文中，东抄西袭地来凑成几部法典，还敢厚颜夸耀着说：这是我国自己的法律！我们若是一考这种法典的内容，不必说什么便民利国，就是各条法规的字面意义，有时在逻辑还讲不通！石志泉[1]氏在所著《新民事诉讼法评论》的绪论中曾说：

"要之，新民事诉讼法之制定，亦如近数年颁行之其他各法典，以短促之时日，仓促成编，主义未及详细讨论，法文未遑从容整理，其不免有种种之疵累，无可讳言！"
（第4页）

诚慨乎言之矣！我们苟欲建立正真自己的法律，唯有一反前此的舍本逐末的抄捷径办法，而先去了解在外国法律条文背后的"主义""本意"，或"哲学"。然后再把它们来和我国自己

---

[1] 石志泉（1889—1960），号有儒，湖北孝昌人。早年留学日本，后加入同盟会，曾任奉天高等审判厅长、大理院推事、司法部次长等职，后从事教育事业，曾入国立政治大学教务长、朝阳大学校长、北京大学法学院主任。著有《民事诉讼条例释义》《新民事诉讼法评论》《民事案例分解》《民事调解问答》等。——编者注

的需要和思想相比较；纲领既得，才能进一步而详制条文。法律哲学原来是具有实用的！

讲到法律哲学，这几年来海内学者的译著已在渐渐地多起来了。但是我对于这些译著总有一个遗憾，觉得他们所介绍来的大多是一些外国法学者的结论，一些教科书式的结论。至于外国法学者怎样得到他们的结论，则介绍的很少。其实，所贵乎法律思想或法律哲学者，乃在它们的基本假定和立论方法，而不在它们的结论。我们所以读法律哲学者，并不是在学到它们的结论，而是在学到他们怎样去运用思维。等到我们能够自己运用思维了，那时才能创造我们自己的法律哲学，以至自己的法律。至于专学人家的结论者，至多只能一字不错地背诵人家的结论而已。

霍金氏不是一个法学家，他这本小小的《法律哲学》更不是法律思想上的经典之作。但是霍金氏却具有一个极端清晰的头脑，他更敢用这个头脑去思维一般非法学者所不敢尝试的法学问题。霍金氏的尝试告诉我们：法律不是一个与外界隔绝的莫测深渊，它正需要"人"的头脑去拆它一个穿。他这本小册不仅能使不习法学的人知道怎样去思维法学问题；它更能鼓励专习法学的人，昂首天外，去运用自己的活泼泼的思维。译者所以选译这部书的动机就在这里。

现在可以简略地介绍一下这部书和它的作者霍金氏

（Hocking，William Ernest）。霍金氏从 1920 年起任美国哈佛大学的 Alford（阿尔弗雷德）教授职，直到现在。他有下列几种著作：

The Meaning of God in human Experience（《人类经验中上帝的意蕴》），1912；

Morals and It's Enemies（《道德及其敌人》），1918；

Human Nature and It's Remaking（《人性及其改造》），1918；

Man and the State（《人与国家》），1926；

Philosophy of Law and of Rights（《法律哲学与权利哲学》），1926（本译）；

The Self，It's Body and Freedom（《自我：身体与自由》），1928；

Types of Philosophy（《哲学的类型》），1929（本书曾由瞿菊农氏[1]中译，国光书局出版，内有瞿氏序文，概述霍金氏哲学派别及特点，瞿氏为霍金氏门人，所述颇有足多者。本译读者有欲明了霍金氏哲学之一般背景者，可以参阅瞿氏书，兹不赘）；

Spirit of World Politics（《世界政治的精髓》），1932；

---

[1] 瞿菊农（1901—1976），江苏武进人，原名士英，中国近现代教育家。曾与郑振铎、瞿秋白、赵世炎等人创办《新社会》旬刊、《人道》月刊。著有《教育哲学》《教育学原理》《乡村教育文录》《现代哲学》《西洋教育思想史》，译有《西洋哲学史》等。

此外，霍金氏曾为调查美国在华传教事业事，来过我国，后于 1932 年和他人共同发表 *Rethinking Missions*（《传教事业再思考》）一书。

本书所译的 *The Philosophy of Law and of Rights* 或是 *Present States of the Philosophy of Law and of Rights* 是 1926 由美国 New Heaven（纽黑文）的 Yale University（耶鲁大学）所出版，内容分二部，上半部是霍金氏对于德国近代两位大法学家：柯勒和施塔姆勒的学说的比较和批评；下半部乃是霍金氏自述他自己的法律哲学。译者对于霍金氏法律哲学里的基本假定和思维方法，是所极端赞成的，尤其是对于他的主张：法律是我们所希望的事物的一种假定。至于霍金氏法律哲学的结论，就是：法律须以发展各个人的能力为目的，则译者不能十分同意。译者认为：法律固须有一个法律以外的目的，但是这个目的也不能离得太远了，而使它和其他诸种社会制度的目的，无从分辨。"发展各个人的能力"原是教育、科学等等的共同目的。但是法律既有了一个独自的存在，它一定还具有一个特殊目的。这个目的是不能和"社会的存在"相分离的。我们先须有法律去维持一个社会的存在，然后才能由教育、科学等等去达到"发展各个人的能力"的目的。霍金氏在本书末节内，曾综述他对于"个人能力发展"和"社会的存在"间的调和论，但译者对此殊未能满意。译者觉得施塔姆勒的立说至少比了柯勒和霍金氏妥当一些。柯勒原也堕入了上述的霍金氏的误点，他把法律的目的和教育、科学等的目的混一了。不过他比霍金氏更差一筹。因为霍金氏只说出一个起点，就是个人能力的发展，但对于究竟将发展到一个什么终点，则避而不说。老实说，谁能预见了人类最后的鹄的？我们现在所能见到的还不仅是一个起点？这是霍金的聪明之点。但是柯勒则具有一个很强的胆量，他竟把当时从物质科学的惊人进步中所得的暗示，直接地视作人类发展或文化的最终鹄的，就是："人类知识及控制自然的最高度。"但是他于讨论法律中各条特殊规定时，其实反多用了"巩固团结，使人类不至涣散成为各个人，……因为除了个人间的精诚的，或至少有效的集合活动外，整个巨大事业是没法成功的。"（本书第 58 页 [1]）的一个标准。

无论施塔姆勒的用词怎样晦涩，但有一点我们至少能够了解，并且觉得应该同意的：法律的目的是在使社会能够存在。有了这最小度的社会的存在，然后我们始能掺入其他目的，例如柯勒所倡导的文化目的。译者认为人性中本存在着"社会性"的（Social）和"反社会性"的（anti-Social）二部分。人有"社会性"的本性，所以有时需要同伴；但人更有"反社会性"的本性，所以我们有时更会有"礼法岂为我辈而设"的感觉。但

---

[1] 指 1937 年会文堂新记书局版的页码。

社会既因人类共同生存的需要而存在了，它就不容我们一时喜欢，另一时不喜欢。当社会为我们喜欢时，它的存在当然不必靠任何外界的制裁；但当社会为我们不喜欢时，它就不得不靠人们根据理智所造出来的制裁，就是法律习俗等，来维持。法律更是以国家力量为后盾的一种制裁，所以它更具有绝对强制性。法律的目的是为了人类共同生存的必要，而来维持一个社会的生存的。施塔姆勒所谓正义，也不过是指法律真能做到这一步，因为现实法中有许多部分是和这个鹄的相背道而驰的。例如本书中所引亚诺特磨坊一案（第 27 页），是一个最好的例子。我们要做到社会的存在，就不外乎确立人和人间的关系，而这个关系更不外乎一个方式，所以施塔姆勒的正义标准始终是一个方式标准。有些人批评他这个方式太固定了；这个批评，施塔姆勒一定很首肯，因为他认为苟没有这个最小限度的社会结构方式，社会就根本不能存在。另有些人批评他的方式太空虚了；他一定会回答说：方式本不能独自存在，它还需要被掺入诸种实质事物；但这些实质事物却不容溢出这个方式，苟溢出了，就足以破坏社会的存在，于是法律就将加以禁止。法律与柯勒所谓社会文化的进步，原无直接关系，但它却先给社会一个存在，作为文化进步的基础。实际上，促进社会进步的是具有天才的个人，而具有天才的个人正是"反社会性"最强的人，他们都愿意逃出社会，他们更希望超越人生。法律对于这辈人，当他们没有越出社会存在的限度时，彼此固没有什么关系，但当他们敢于危及社会存在时，则法律就不能因他们是天才，或是文化的促进者，而予以宽免。在这点上，柯勒所主张的法律目的是绝对讲不通的。霍金氏虽很巧妙地避去了这个陷阱，但是他把法律的最后目的超越了社会存在，译者认为是不十分圆满的。社会和个人间的对立性，将永远继续存在下去；无论古今来的哲学家怎样用尽脑汁想把二者调和，恐怕到底还是不能得到结果。法律的产生，原来就在这点社会和个人间的不容调和性上！

译者对于翻译很少经验，为弥补缺陷，特地多把原文注入。实际上，现在国内能读英文等外国语的人已很多了，这些原文的注入，一定能帮助他们多了解原义。并且，若是他们以前没有读过这本书的话，这并非因为他们读不懂原文，乃是因为这书在国内不容易得到，现在译成中文，至少可以使它普及一些。关于学术名词的华译的统一，译者认为唯有借海内从事翻译的人于翻译时注明原文，最好更说明所以如此翻译的理由，俾国人能加以批评而逐渐袭用。本书内有下述两个很重要的译词需略加说明：

一、Community 此词普通指占有一定区域的社会，故我国社会学者新译它作"社区"（见燕大社会学会出版：《派克社会学论文集》）。唯在本书内则此词含义殊不然。其特殊意义得见于 Community of will 一词中（见本书第 23 页）。这里 Community 的要素是在 Verbindung（译"结合"，第 27 页），故为意义显著计，译者特译作"团体"。但本书内亦有以 Community 作普通社会（Society）解者，例如第七节内所用的几个 communities，则又不得不译作"社会"。译者认为：与其牺牲真义以就字面的一贯，不如牺牲字面的一贯，以就真义。

二、Right 此词在本书内含有三义。用作形容词者作"正当"解。如第 18 页的 not right 译"不正当"。用作具体名词者作"权利"解，如本书原名内的 *Philosophy of Law and of Right*（《法律哲学及权利哲学》）。用作抽象名词者作"正义"解，如第 22 页之 right 译作"正义"。这里的 right（指抽象名词）系与施塔姆勒的 Justice 含义相同。例如 rightige recht 英译可作 right law 或 just law；特以世人已习用 just law 一词，而我国复已习译"正义法"，故本书内即以"正义"译 right，使符真义。复以此故，用作形容词的 right，有时以行文之便，亦译作"合于正义的"。它若 rightful 等依此类推。

末了，译本初稿，曾承同学冯君锦柏，详细校阅，特此致谢。

费青

二十三年冬于北平 [1]

---

[1] 北京旧称，1928 年至 1949 年北京称为北平。

附

录

Present Status of
the Philosophy of Law and of Rights

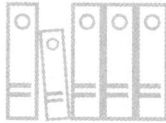

法律不容不知之原则

凡人违反法律，不能以不知法令为避免其责任之理由，是即所谓法律不容不知之原则，为各国法律所从同者。盖设以不知法令得为违法者避免责任之理由，则不啻奖励其不知，而使法律等于具文，其有悖于立法之本意者甚显。然一考实情，法律至近世，其繁缛不特逸乎常人所可知。即习于法者，亦难于穷其全豹。故英美法律不责律师以尽知法令。[1] 准是以言，则法律不容不知之原则，实有违于恒情。为特先考各国法律关于

---

[1] 伯郎一案内（Bryants' Case 24，N. H. 149），有以律师不知法令，诉请法庭停止其执行职务。法庭判谓"虽法庭盼律师程度之提高，然不尽知法令，究不能为停止其执行职务之理由。盖法令上并无此项规定也。"而法令上所以不责律师以尽知法律者，实亦因事实上之不可能。见 Costigan: *Cases on Legal Etaics*, p. 144。

此点之规定，再研其理由之所在，庶几利害得失可得而言也。

私法之鼻祖，首推罗马。考罗马帝优司悌尼[1]史《学说汇纂》（*Digest Justinian*）有"不知事实非不知者之过失；不知法律，则为不知者之过失"之规定。[2]故设某甲自知为某遗嘱上之继承人，而不知法庭给予继承人之所有权，则时效之继续，将为不利于此继承人者。[3]惟对此法规，亦有例外。凡特种人民如兵士妇女及未满 25 岁者，除关于万民法（*Jus Gentium*）及有得法律上指导之可能者，得以不知法令为避免其责任之理由。[4]及罗马晚世，则凡无过失之法律上错误，亦一列受例外之保护也。[5]

晚近大陆法系诸国，若法、德、日及我国，咸受罗马法之影响。惟除于刑法明文规定者外，[6]其趋势有置重于实际上之情

---

[1] 现译查士丁尼一世，又译优士丁尼一世，东罗马帝国皇帝，527 年至 565 年在位。

[2] 见 Digest xxii 6.9。

[3] 见 Digest xxii 6.1，参考 Holland: Jurisprudence, 12th Edition, p.109。

[4] 见 Digest xxii 6.9，参考 Holland: Jurisprudence, 12th Edition, p.111。

[5] 见朝阳大学讲义罗马法（应时述）第 212 页。

[6] 日本刑律第 77 条第 4 款"不得以不知法令为无犯罪之故意"。
我国刑法第 28 条"不得因不知法令而免除刑事责任但因其情节得减轻本刑二分之一"。
关于此二条法规有一足以注意之点。即兹所谓"法令"者，系仅指刑罚法令而言，不知其他法令不得谓为有犯罪之故意。（前大理院判例四年上字三号）例如甲、乙两夫妇于结婚未久即意见不合。厥后为协议之离婚，实行别居，两无异言。乙如自以为既行离异可自由续求配偶，未向户籍吏呈报即与丙男结婚。乙女不知民法中有离婚从呈报户籍吏起发生效力（第一次草案 1361 条）之规定。兹乙女所误认者，系民法法规，而非刑罚法规。故不适用上二条规定，不构成重婚罪。参考王觐编《中华刑罚论》第一卷第 248 页。此则与英美相异。参考后第 2 页第二节。

形，而不苛责人以绝对知法之责任者。[1]

英美法系国家，对于此原则之奉行，有远过于大陆法系诸国。在"皮尔皮诉伦装"一案中（Bilbie v. Lumbey），有某保险者，知有足以抗辩其赔偿责任之某种事实，然不知其法律上之权利，致误付其保险金。后特提起诉讼以追还此项金额。审判长哀伦伴系（Lord Ellenborough）询问原告律师，"凡人确知其自愿付金时之一切事实，特后以不知法律，而能据此为追还之理由者，有否前例可援。"原告默然无以对。审判长乃驳斥

---

[1] 大陆法多采成文法制，与英美法之采判例法者相异。而成文法令之自何时始发生效力，亦即自何时而不容人民不知此法令，则各国均以法令颁布之日起发生效力。关于所谓颁布，法国民法有特殊之规定。其第一条"法律由大总统颁布而施行于全法兰西全国。各地以自其得知此颁布时起发生效力。大总统所为之颁布在其政府所在之州，以其翌日为已知。其在他州则从颁布之首都与各州首府间距离以一日十美利阿米突（每美利阿米突合一万米突）之路程，累计其日数，其翌日为已知。"嗣后更规定以法令之登入政府公报为其颁布。此种制度，恒为英美学者所讥笑。其言曰："法人以责人以不能知之法令为不合正义，故特使愈远于首都者愈迟其知法之时日。然须知事实上人民岂真有捧读此政府公报者？有之惟千万分之一耳。则法人所斤斤虑者，不啻为大沙堆中之一二细粒。其愚孰甚？且更足引起各州间法律效力上之纠纷。"参考 J. C. Gray: *The Nature and Source of Law*, p.164。英制则成文法令之有效时间始自其制定之日，而不经颁布。勃莱克史东（Blackstone）曾为之解释曰："法律视英国每个人民为议会之一员。因所出席之议员，为其所推举之代表故也。是以议会所制定之法令，不必更颁布于人民。"（见 Blackstone's Commen, 185 及 Austin: Jurisiprudence, 4th Edition, Vol. II, p. 542。）此制之成立实始于爱德华皇第三时，"国家诉谦吉史探主教"一案（Rev. v. Bishop of Chichester）。此案之起诉，乃根据于一成文法令。被告律师以此法令未经颁布为抗辩。审判长柴璞（Sir Robert Thorpe）判谓"法令虽未公布，然一经议会制定，人民即有知之之责。因议会本为代表全国人民者。"参考 J. C. Gray: *the Nature and Source of Law*, p. 162。英国判例中，甚且有根据于行为以后所制定之成文法令而定罪者。盖一切成文法律，恒视为该议会会期起始时所通过。如 Attorney General v. Panter, 6 Bro., p. 489 及 Latters v. Holmes, 4T. R. 660 等案。参考 Holland: Jurisprudence, 12th Edition, p.110.

其诉而宣判曰："凡人均推定为已知法令。不然，则不知法令将无往而不为抗辩之理由矣。"[1] 在"勃里斯裴痕诉大克莱"一案中（Brisbane v. Dacres），审判长哀伦伴系亦判谓"国有船船长既依习惯对于海军军官给付以运费三分之一，以后即不得以法律无此给付之责任，而诉求追还。盖凡人均推定为知法故也。"[2]

在"国家诉歌特拿和奸罪"一案中（State v. Goodnow），[3] 某妇人以见弃于丈夫已有五载，且其丈夫又另娶他妇，乃欲改嫁于某乙。事前曾偕某乙同往就询于地方法官，法官认彼等于法律上有结婚之可能，且特为之证婚。彼二人信之而结为夫妇。然其后仍以和奸罪定谳。亦因其误认法律，不得为避免责任之理由。[4] 自此案观之，可知法律不容不知之原则，在英美法中乃同一适用于民法及刑法。[5] 更以英美法特重前例。推其极，致有过分之弊。如此案判决之有乖正义，实甚显然。故学者间每多持反对之主张。[6]

---

[1] 参考 Heynes: *Outlines of Equity*, Lecture 5。见 Pound: *Readings on the History and System of the Common Law*, p.469。

[2] 参考 Holland: Jurisprudence, 12ᵗʰ Edition, p.109。

[3] 参考 H. And E. Report, p.556。

[4] 参考 H. T. Terry: The First Principle of Law, 9ᵗʰ Edition, p.123。

[5] 参考 Salmond: Jurisprudence，7ᵗʰ Edition, p.427, note c。有云："此原则不独限于刑事及民事责任，且推及于其他一切法律。例如误认为法律时所给付，不若误认为事实时之可以追还。"

[6] 例如派拉克（F. Pollock）曾引"马丁召儿诉番克男"一案 Martindate v. Falkner（18462C.B.707, 69R.R.602, 611.）中，审判长梅因（Maine J.）之言"我国本无凡人须知法律之推定。有之，亦将大悖于情理"而认为此种推定为过甚（转下页）

然英美法亦非不知此原则之易滋谬果。故于衡平法上有纠正之法规。最著之判例为"朗斯唐诉朗斯唐"一案（Landowne v. Landowne）。该案原告为已死某甲之长兄之子，以对于死者遗产之受遗权问题，与其叔父某乙，即死者之弟有所争辩。乃偕往就教于一小学校长名休氏者。该校长于教士备忘录一书中寻得关于此问题之法律如下："土地不能向上只能向下"。更尽其解释之能事。而决定死者之弟有受遗权者。于是叔侄间同意分有土地，立有契据做证。嗣后原告诉请将契据废止。审判长金氏（Lond King）准其所请。该契据之成立，乃根据于误解法律所致，且进而谓"不知法令不容宽恕之原则，仅可用于公法，如刑法是，然在民法案中，则此原则即不能援用。"[1] 虽金氏所述意见，非尽合于现行法规，然衡平法顾及各案之特殊情形，更揆诸情理以为判断，则胜于普通法庭。尤对于无过失之误解法令，恒予以殊等之宽恕也。[2]

（接上页）其辞。实际上仅不常认不知法律为避免责任之理由耳。参考 F. Pollock: *A First Principle of Jurisprudence*, P.163。

[1] 参考 Hayes: *Outlines of Equity*, Lect, 5。见 Pound: *Readings on the History and Systems of Common Law*, p.40 及 Holland: Jurisprudence, 12th Edition, p.109, note 4。

[2] 英美法系习惯法。而习惯法须经法院之判决案，始形成立。故就习惯法而言，凡人须知法律，不啻曰凡人须知判决案。然下级法院之判决案，可由上级法院推翻。于是而发生一甚有趣味之问题，即凡人根据于下级法院判决案而为行为。当该判决案为上级法院推翻时，是否应误认为法律，而应任其咎？此则在英美判例及学说上殊多纠纷。盖其根本问题，即在法院之判决案，是否自身为法律。抑仅为法律之表证。依前说，则下级法院之判决，于其被推翻前，仍不失为法律。故人根据之而有所行为，不能认为有法律上之错误。依后说，则下级法院虽有判决，然法律固不若是者。（转下页）

释此原则之理由者，人各异其说。罗马优帝学说汇纂有云："对于事实之错误为不能避免，而对于法律之错误则反是。盖法律有定衡，人所共知。抑亦所可知而应知也。凡人错认法律，致其行为违法，则此人所以应任其咎，非因其行为，实以其误认法律之过失为可咎耳"。[1]

英国大法学家勃莱克史东（Blackstone）亦持相似之主张："凡具知识之人，不独对于法律为可知，且亦应知而推定为知也。"[2]

此种理由之不能成立，以奥斯丁（John Austin）辩之最切。其言曰："此理由之错误，在将'所知''可知'与'应知'相混。设谓法律为'可知'或'应知'，余亦承认之。设谓法律为凡人所知，则其谬误无容置辩。至以误认法律之不容辞咎，乃由于人有知法之责，则不啻以问题之自身为理由。盖何为而有知法之责，实仍未解决也。"[3]霍尔姆斯（Justice Holmes）亦云："或谓法律不仅命吾人不为某种行为，且命吾人以知此命令。然

（接上页）故上级法院特为推翻之。则人而根据之有所行为，即不啻误认法律，自应任其咎。在理论上以后说为较通。如勃莱克史东（Blackstone）即主张之。然在实际上，则殊乖常情。故判例多主前说。参考 Holland: *Jurisprudence*, 12th Edition, p.70 及 Gray: *The Nature and Source of Law*, p. 228、256、258。

[1] Digest, xxii 6.2，参考 Austin: Jurisprudence, Vol.I, p.479。

[2] 参考 Austin: Jurisprudence, Vol.I, p.497 及 Holland: Jurisprudence, 12th Edition, p.110。

[3] 参考 Austin: Jurisprudence, Vol.I, p.498。

以此原则之理由，实亦未然。盖据此理由以言，则对于第二命令之违犯，非同于第一命令之违犯，其处分亦应有别。而一考实际，则凡违犯第二命令者，仍受违犯第一命令之处罚也。"（按即违犯知法之命令时，仍依其主行为而处罚也。）[1]

亦有以法律恒与人之善恶观念相一致。故人即不知其行为为违法，亦知其行为为罪恶。则法律所以罚其罪恶，故不必其知此法律也。况误认法律之范围而恣意为恶，实更所罚有应得，[2] 此说有其一部分之真理。所缺陷者，法律非必尽与善恶观念相一致。刑法或尚多合此理论。一涉民法及其他法律，则更无所谓善恶观念矣。

奥斯丁为分析法学派鼻祖，对于法律上之基本原则，无不详析精研，穷其究竟。故对于法律不容不知之原则，亦有其独到之见解。其言曰："设不知法律准予为避免责任之理由时，则法院将立遇难于解决之问题，而失其执法持平之本责。盖法院须先考核当事人于其行为时是否不知法律，再审其不知法律是否为不得已，抑曾有知法之可能而惰于尝试。此等问题，均非仅恃外界证据所可证明。法庭非深究该当事人之过去历史，不能有适当之解决。然此为决不可能之事实。"[3] 简言之，奥氏之

---

[1] 参考 Holmes: The Common Law, p.47。

[2] 参考 Salmond: Jurisprudence, 7th Edition, p.247。沙氏并非为此说之主张者。其于说明各种理由中，于此说申述颇详。惟未引原书原著为憾。

[3] 参考 Austin's: Jurisprudence, Vol.I, p.498。

理由，盖以不知法律在事实上无从证明，故法律不得不设此绝对之假定，而不容其不知。奥氏更引罗马法对于特种人民如妇女、未成年人、兵士在此原则之例外，以证明其理由之充足。其言曰："在证明一般人不知法律时，其所需之考验，为事实所不可能者。然在此等特种人民，则仅考验其性别、年龄、职业已足推定其不知法律为不得已者。"[1]

奥氏学说为一时学者所推崇。及霍尔姆斯（Justice Holmes）出，乃独斥其妄而创新说。在其《普通法》一书中，曾云：不知法律不得为违法时避免责任之理由，易辞言之，人皆推定为知法。故奥氏等尝以难于证明为其理由。然设为求得正义之故，须先明事实之真相。则虽于侦求事实之际有所困难，决不能因此而即置事实于不顾。况较此更难侦求之事实，亦多由当事人之辩证而得其真相。法律上更得使违法者负举证之责。由是观之，此种理由实未足为斯原则辩护，况吾人更感觉即使能证明不知法律为真实，仍不能认其为赦免责任之理由也。于是霍氏更进而求其理由："此原则之真正理由，实与法律之不顾个人特殊性质及才能者相同。公共政策[2]恒为公益而牺牲个人。个人之义务固应均等，然犯罪之减灭，实更为重要。虽犯罪者恒有不知其行为为犯法，然设许此为赦免理由，即不啻奖励其不知，

---

[1] 参考 Austin's: Jurisprudence, Vol.I, p.498。

[2] Public Policy.

而与立法之本意相反。斯则对于个人之正义轻，而社会之利益重也。刑罚不能全依犯罪者所应得而定，亦须顾及社会公益所需要。"[1]霍氏立论，每以社会之利益与需要为根本。而社会之利益与需要，常与时代而变迁。故合于前时代之法律，或不复合于此时代，即不能继续发生效力。霍氏对于法律不容不知之原则，亦认为须随社会之情状而变迁。惟于现今情状之下，则此原则实尚有存在之必要焉。[2]

以上诸说之仅具片面理由，无俟申述。即如霍氏之说，虽为最满人意者，然亦非绝对承认其无有例外。故沙尔蒙氏（Salmond）曾谓此原则不啻一种理想而不合于事实。[3]派洛克氏（F. Pollock）更否认此原则之存在。[4]埃玛氏（S. Amos）在其《法律科学》一书中[5]曾列举事实上所以避免此原则之方法。第一为对于特种人民之例外，如罗马法之对于兵士、妇女、未成年人是。第二为对于特种情形之例外，例如受人误述是。第三为刑罚之酌减，例如我国刑法所规定是。[6]

纵观以上所述乃知法律不容不知之原则，非若自然科学定

---

[1] 参考 Holmes: The Common Law, p.47。

[2] 参考 Holmes: The Common Law, p.125。

[3] 参考 Salmond: Jurisprudence, 7th Edition, p.427。

[4] 见 P122 注 [6]。

[5] 参考 Sheldon Amos: Science of Law, p.111。

[6] 见 P120 注 [5]。

律之由绝对性者，其理由既经过各时代各学者之盲试术而迄未抵于完善。其运用更受制于各种例外而未归划一。信哉。社会法学派之创法律相对性与归纳性也，盖深察乎人事之变化无穷，正义之时地各异，法律非得执一而不变。所贵于法者，惟人善于运用之耳。

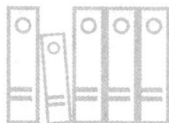

谒施塔姆勒氏记

忆去国之夕，叩别吴师德生先生[1]于其再生庐（Renaissance），吴师谓余曰："当代法学大师，为余平生所亲炙而服膺者，在美有霍姆斯氏（O. W. Holmes），在欧有施塔姆勒氏，今霍氏已归道山，施氏年迈，恐亦不久尘世，尔今去德，与施氏当亲往拜谒求教"，并手贻介绍函一通。今余来柏林，忽忽半载，先以言语补习，继以校课羁身，卒卒无闲日暇。寒假中，始克先与施氏函约，及3月30日而往谒。当时所目击者，既已摄诸影纸，当时所耳聆者，

---

[1] 指吴经熊（1899—1986），法学家，一名经雄，字德生，浙江省宁波鄞县（今鄞州区）人，曾在欧美多国游学，进行法学研究。著有《法律的基本概念》《法律的三度论》《施塔姆勒及其批评者》《超越东西方》《法学文选》《法律哲学研究》等。

尤应笔之于书，用以归报吴师，并为同好者馐。右记一通，系于拜谒当晚在旅邸立时草就者，本拟加以改作，始予发表，继思文字所贵，首在传真，是记虽体例欠严正，文辞多俚杂，然当日情景，固跃然纸上，再事削足，徒成适履，用存其旧；或意有未尽处，再于记末略加注脚，是为序。

从柏林搭火车，向西南走三个钟头，始到凡城（Wernigerode）。凡城是哈兹山（Harz）的起点，城的一小部分已上了山坡。久住在平原城市里的人到此，会忽地领悟到明山秀岚所能给予人们的美感，有似撒下了臭蝇般的群氓，而仰见一两个崇高的人格，超然晤对在这个古美的山城里现在退休着年届八旬的施塔姆勒教授。

教授别业在梅汰街（Mettestr.），街底最高处，屋后群山为屏，一种清幽超绝气象，望之即知此中必有人物在也。余于午后四时半往谒，按铃后，由侍女导入客室，少顷，教授出，须眉如雪，而步履犹健。余先出吴师介绍函，并代致候忱，再道生平得获亲见教授为幸。时教授太太亦出见，年事较教授为轻，彼先问及吴师近况，并津津道及当年吴师从教授问学时琐屑，屋后玫瑰一盆，是吴师当年所赠，及今犹以"吴氏玫瑰花盆"为名。教授太太复述及今年2月25日是教授八十寿辰，贺客盈门，多是教授门生，有不远千里从国外特来祝寿者。余本带有摄影机，因恐再晚光线将不足，即敦请教授及教授太太先于廊下摄影，后偕教授至屋外街摄取住宅全影（照相附寄）。

摄影毕，由教授延入书室，室四壁满架图籍，架顶多大理石像。教授先问余于德国法律哲学有何心得。余答谓："在国内时，因不谙德语，故于德国法学著述，未能直接诵读，惟自英文译述，及吴师所口授，得略知德国法律哲学与英美法律哲学异同之点。英美法学以实效主义（Empiricism）为出发点，以'利益''幸福'等为批判标准。'利益''幸福'自身既无纯一标准，于是不得不创所谓'多原论'（Pluralism）。德国法律哲学则反是，常努力于最高单一标准的寻求。"至此教授忽击桌高呼曰："对了，我们所需要的是一个 Begriff，一个可以把手来握取的 Begriff，犹之我用手来握取这只茶杯一般。"此时教授忽问，"Begriff 一字在中国语谓何"？余答谓"概念"；复问"此辞是否自古有之"？余谓"'概'与'念'二字系自古有之，惟连缀成辞则至近人始习用，但是他的意义仍是'概'与'念'二字的原义连缀而成。'念'是名辞，作 Denken 解，'概'系形容辞，作 Gegenteil von Einzelnen 解"。教授很得意地说："这正是 Begriff 一字的真义。Begriff 的意义是'具有纯一性的思想'（einheitliches Denken）。法的任务，第一就在获得一个法律的概念，一个具有纯一性的思想，这概念自身须超于一切各个性的具体事物之上，于是始能'无往而不准'（allgemeingültig）。至于像英国 Bentham 辈所创最大多数的最大幸福，就始终没有走出这各个性的具体事物的圈子之外，无怪他们永远得不到结论。我们既有了一个法律的概念，然后再须寻求一个法律的 Idee，英文里叫 Idea，他是法律的目的，即是'正义'（Gerechtigkeit）。全部法律哲学只有这二个问题，一个是法律的概念，一个是法律的 Idee（这个字我不敢冒然翻译），再简单也没有了。"

"我还记得我当年在想法确立和解答这两个问题的时候，曾遍读哲法学家的著述，但总寻不到切当解答。有一天读到这位先生——这时他手指着书架顶上一个最大石像——的一本小册，我忽地恍然大悟，从此我自己再详细思维，终乃确立我自己的法律哲学。这位先生不是别人，就是康德（Immanuel Kant，1724—1804）。[1] 再远溯上去，唯有希腊的哲学家，尤其是苏格

---

[1] 施氏这样的尊重康德，是有他自内的原因的。我们只须真能窥见施氏法律哲学和康德哲学的关系，就已知道了施氏学说的关键，这里所谓"关键的知道"，便是施氏谈话中所谓"恍然大悟"。

在施氏前，法学始终没有走出具体经验的围子之外，自然法学论所创的几种古今不变的权利，所谓天赋人权，始终还是权利，始终还是在经验界，既在经验界，就不得不受历史变易性的统辖，于是天赋人权也丧失了他的"古今不变"性。近人每以施氏学说与自然法学论相比拟，例如所谓"具有变易内容的自然法"，这是最容易使人误解的一个解释，历史法学论对于自然法学论的攻击是完全不错的，但这攻击只成功于消极方面，就是指出"没有"所谓古今不变的自然法；在积极方面都提出一个"民族精神"（Volksgeist），想来予以法律现象一个根本解释。所谓"民族精神"的渺茫无据，尚不是历史法学论的最大毛病，他的最大毛病是在把法律置诸历史因果律之下，人的"意志"对他是无法左右的。这个毛病先被叶尔林氏（Ihering）看出了，他指出法律是脱不了人的"目的"的（Der Zweek in Recht，1877）。换句话说，"人是利用法律来达到他所要达到的目的"。但是这所谓"目的"究竟是什么呢？耶氏就很不费力地从英国的"实效论"（Empirism）里找到他的答案，这"目的"是不外乎人的 （转下页）

（接上页）"幸福"或"利益"，于是所谓"目的"并不止一个，是有很多。这一种思想以后由庞德氏（Dean Pound）带到美洲，而形成所谓"利益称量论"（Balancing of Interest）。叶尔林氏在他的巨著《罗马法精神》一书里，还脱不了历史法学论的影响，他所论仍于法律的原因为多，于目的为少，无怪他的"法律目的论"不免流于浅薄，施氏对于叶尔氏的批评见《法律哲学读本》（*Lehrbuch der Rechtsphilosophie* 2 版，43 面注 10）。

施氏的出场，历史法学论的气焰还极盛，所以他第一篇关于法律哲学的著作，1888 年所发表的《关于历史法学论的方法》（*über die Methode des Gischichtlichen Rechtstheorie*），即是对于该学派的方法的批评。施氏认为自然法学论虽对于问题的解答未能圆满，但所提出的问题，就是："法律应该怎样？"是根本不错的。对于这个问题，用历史法学论的方法是绝对无法解答的。再推上一步，"法律究竟是什么？"一问题，也不是用历史法论的归纳法（Inductive Methode）所能解答的。同时他认为叶尔林氏的"目的论"只提出了问题，但对于问题本身，仍未解答。在这样各条路径都走不通的时候，正是施氏谈话中所谓："遍读哲法学家的著述，但总寻不到切当解答"，也正在这时被他找到了他的宗师康德，于是才"恍然大悟"。

我们现在应该知道，施氏从康德哲学里所"恍然大悟"的到底是什么东西呢？施氏在上述第一篇文章中说："你只读过了康德著作的最初一部没有"？康德在《纯理批判》（*Kritik der reinen Vernunft*，1781）一书里的根本思想如下。知识的产生虽与经验以具来，但是若只有外来的感觉，而人们没有内在的范畴（Kategorie）加以整理，则感觉自身是零乱颠倒的，绝不能成为知识的。这内在的基本范畴，便是时间和空间。有了这时间和空间的架子，感觉才能装进去而成为知识。这个架子，或是方式，或是范畴，虽只在经验已装进去后，我们才能觉察，但在逻辑上他是先经验而存在的，这个意义便是康德所谓的"先验"（a priori）。这方式自身既不在经验界，所以我们绝不能用处理经验的方法，例如科学方法，来处理。我们所能用的方法便是"批判方法"（Kritische Methode），这方式既是在我们理性的里面或是"内在"的，所以他是无往而不准的，——我们绝不能想象离了时间和空间的经验。

康德既用这批判方法解决了知识问题，他更进而用这个方法来解决人事问题（Kritik der Praktischen Vernunft）。施氏就更用这个方法来解决法律问题。

我们若是已能懂得上述康德的知识论，就不难领悟到施氏的法律哲学。施氏认为"法律"一概念，和一般知识一样，也有他的"方式"（Form）和"实质"（Stoff）两方面。"实质"可以千变万化，但是"方式"却存在我们的理性中。是"放之四海，准之古今"无往而不适的。方式是"先验的"（a priori），所以他绝不能用处理经验的方法，像历史法学论所用的来处理他。譬如我们想用归纳方法来解答"法律是什么？"是绝不可能的。为什么呢？所谓"归纳"，无非是想从各个事物的堆积中来获得一个一般概念，但在你"堆积"之前，先须"选定"哪种事物是属于"所须堆积"的。在这"选定"的时候，已脱不了一个标准。但是这个标准正是我们所要解答的。所以想用归纳方法来确立概念，是不啻以问题自身来解答问题。这里所可用的方法便是"批判方法"，我们只有从我们内在的理性中去找寻这概念的"先验条件"。施氏对于法律的（转下页）

拉底和其门徒柏拉图曾对于 Begriff 和 Idee 两概念，有清晰的见解，此后都被学者们愈弄愈不清，因之法律哲学在我之前始终没有确立。你若要治法律哲学，须先把这条门径认清了。"

我这时更问他，他对于我们中国法学学生有什么特殊教诲。他手指着书桌上一本书说："我现在是太老了，不能再从

（接上页）"概念"（Begriff）便是用这个方法来解答的。施氏所认"法律的概念"是："一个不容违反的、自律的、由多数意见彼此互决而成的意志"（ein unverletzbar selbstherlich verbindende Wollen）。这个概念是法律所以成为法律，或是所以与社会上其他现象相区别的批判点。

法律既是一个意志，一个"要怎样"，于是在这个概念里已包含了一个"目的"，和一个"所要的"。这个目的就叫作 Idee。但是 Idee 却不即是 Begriff（概念），他们根本的区别点便是施氏学说最高的成就。这在康德也没有弄清（参考《法律哲学读本》2 版，34 面），因为康德把 Idee 和 Begriff 混杂了，于是认为法律的目的是可以创立几条完备的法律来达到的，这就是自然法学派的立论。（施氏在谈话中所谓："从此我自己再详细思维，终乃确立我自己的法律哲学"，以及"少读人家的书，多多自己思维"，我们在这里可以体验到。）施氏则认为法律的"概念"是可以用批判方法，完全获得的，但是这 Idee 却是一个法律所努力向往的鹄的，他是永远不能完全达到的（参考《法律哲学读本》2 版，34 面和 174 面）。这鹄的是什么呢？这便是"一切具体法律事物的总和谐"，因为这个概念不是上面所讲的"法律的概念"，乃是这个"鹄的概念"，须适用于一切具体法律事物，所以他又不能用限于经验界的实效论来获得，系施氏在谈话里所引 Bentham 的立场。在这里施氏又用他的批判方法。用这个方法而得到的结论便是"一个纯粹的意志"。因为在法律的概念里已含有了"由多数意志互相决定的"条件，于是这个纯粹意志不得不是一个"具有自由意志的人的纯粹社会"。以此鹄的为准向的便是所谓"正义"，合乎"正义"的，便是"正义法"。施氏既获得了这个最高的方法，于是再演绎他在实际上的如何运用，以证明他的立论不只是空谈，而是切于实用的。在他方面，施氏不特不认为如唯物论者所创——法律的受制于经济，他更证明任何经济现象已都不能逃出法律的方式之外。这些问题，我在这里恕不能详述，希望将来能够对此有较系统的译述。总之，施氏是一个"道地的"德国学者，他要"一拳打到底"。

"现在我是太老了"，但是施氏的法说却已成了法律哲学的基石。韶远（Sauer）教授在纪念康德二百周年生辰所写的"德国法哲现势的鸟瞰"一文内说："正系现代任何忠于学问的哲学家，不得不先说明他自己和康德学说的同异，同样的任何现代治法律哲学者，必须先说明他自己和施塔姆勒学说的同异。"——原注

事写作了，这一本书就是我一生最后的一部著作。[1] 这是从 19 世纪初年起一直到俾斯麦死的那年（1898）止，德国法律生活的叙述。我在这本书里想从德国民族的具体法律生活中，来说明我的法律哲学的基本原则。我就用这本书作为我对于贵国法学学生的第一个贡献。至于关于我法律哲学的原理，则我所著的《法律哲学读本》是最后一部综核简要的著作，你读了这书，就可窥见我学说的全豹，我就用来作为对于贵国法学学生第二个贡献。总之，我们所要努力寻求者，是一个最高的原则，他能放之四海，准之古今，无往而不适（Allgemeingültig! Allgemeingültig!）。"他说这最后一句话时，好像有无限的感愤。

我怕他说话太多会辛苦了，就道谢告辞，他笑着说："你

---

[1] 施氏说："我现在已不能再从事写作了"。我们现在可以把施氏一生关于法律哲学的重要著述列述于下：

一、1888 年《关于历史法学论的方法》，这是一篇开山的文章，现已收集于 1925 年所出版的《施氏法律哲学论文及演讲汇集》，这汇集计二卷，所集论文与演讲凡 40 篇。

二、1898 年《唯物史观下的经济与法律》，在这书里施氏说明经济是"实质"，法律是"方式"，二者合并而成他的社会一元论。

三、1902 年《正义法论》，现已由 Husik 英译 The Theory of Just Law，入美国所出版的法律哲学丛刊内 Legal Philosophy Series。

四、1906 年《法律与法学原论》(Wesen des Rechtes und der Rechtswissenschaft)。

五、1907 年《法学原理》(Theorie der Rechtsiverssenscheft)。

六、1921 年《法律哲学读本》(Lehrbuch der Rechtsphilosophie)，这是在施氏谈话中所讲到的一部学说综述。

七、1928 年《德国法律生活》第一集（Deutsches Rechtsleben, Bd. I.），内含文章 34 篇，自 1420 起至 1808 年止；1932 年《德国法律生活》第二集（Deutsches Rechtsleben, Bd. II.），内含文章 34 篇，自 1806 起至 1898 年止。

——注于柏林大学法学图书馆

须知道，我一生是个教书先生，年纪虽大，谈起话来，一谈便是一大篇，还脱不了教书先生的本色，不怕自己辛苦，只怕人家不要听！"我们已走到书室门口，他忽然又站定了说："我还有一句很重要的话对你说：你切莫多读书！"我听了真吃一惊，问他为什么？他说："少读人家的书，多多自己思维，这是治学的方法，古来大学问家没有一个不是靠自己的思维而成功的。我记得一个瑞士的诗人曾作过一首诗，大意是说一个人打枪，为了要把自己打枪的姿势站得好看，反而把自己打枪的鹄的牺牲了。世界上多少学者，为要使看众看得好看，尽量去学他人的姿势，结果反把自己寻求真理的鹄的牺牲了。一个人做学问——何止做学问，便是做人也是这样——须全靠自己，至于旁人对你怎样，须一切置之不顾，这是我给你最后的忠告。"

回到旅邸，坐在餐室里靠壁的一只软椅上正在写这篇记事的时候，走来一位侍役，请我填写旅客单，无意中和他谈起我特地来此拜谒教授的事，他笑着说："你特地这般远的来拜访这老先生吗？"——说时手指着我的坐位，"这个坐位，正是他差不多每天上我们这里来喝咖啡时所常坐的老位子，我倒还没有知道他的名声会这般大呢！"

二十五年三月三十日[1]夜于凡城普鲁士官旅邸

---

[1] 即公元 1936 年 3 月 30 日。

几种法律否定论之检讨

　　我们常听人说："法律是骗骗人的！"在这句看似轻薄，实极沉重的话里，正隐藏着很多不同的含义。我们想在这里对于类似乎此的几种法律否定论，予以阐释和检讨。

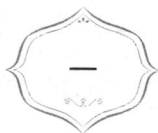

一

　　这句话最彻底的含义是：根本否定法律的存在可能。若是我们认为社会现象是和自然现象同样地机械性的，人的一切行为，虽自以为可以自由决定，实则全受物质因果律所支配，则法律的基本假定——人可依主观的价值标准，来规律自己的行为——就根本不能成立。此态度在逻辑上是无可反驳的，因为人的意志是否自由，实超越了经验所能证明的范围。各人只有自凭信念来择定立场。这和有人认为人生根本是个大梦，同样地无从证明，亦不容反驳。但实际上以此态度而否定法律者实在很少，正像实际上确认人生是大梦者也很少。

此态度虽在逻辑上无可反驳，但持此态度者想在日常行事上贯彻其态度，则将感到十二分困难，甚至于无法实验。譬如当敌机临近，持此态度者亦会跑防空洞，虽事后他也会将其动作委之于神经内某一机械作用，但当其跑之际，未尝不自觉可以主观地选择跑或不跑，以至于跑这个或那个防空洞。所谓意志自由原只是根据此将跑之际的一点自觉所设假定。可是在此假定上却已建起人类全部价值机构，如法律、道德等等。于是：机械论在理论上可持，而在实际行事上则不可。主观的选择和价值等观念，原只存于此后一境界，康德称之为"实践理性"（Praktische Vernnuft）者正以此。人，于悠然退处于纯客观的观察者地位之余，既不能不有所实际行事，如跑防空洞，于是主观的选择和价值等，便相逼而来，法律也就跟着搅扰我们的清闲。

二

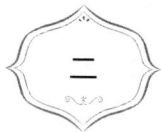

第二种态度并不否定法律的存在可能，可是总觉得法律是要不得的。他们一方承认社会需要规范，可是又认为法律是一种要不得的规范。其他规范，如道德、礼教，实比法律高明得多，并且尽够系维社会了。此种主张是我国儒家用来反对法家和法律的。这里所谓法律，指以国家权力来执行的规范。权力一旦为治者所握，好的固可以执法，不好的却可滥用此权力，以图治者的私利，反而来破坏法律，且事实上治者滥用权力者多，而执法者少，因此，不如不要法律，治者也就无所借口而滥用权力。若是事实上法律已经存在，也得少予援用。孔子所谓："听讼吾犹人也，必也使无讼乎！"这是儒家一贯的主张。至于近代无政府主义，则更进一步而认为治者也可不必要，以其行恶多于行善。

此类主张的问题所在，乃是法律以外的他种社会规范是否足够？当社会停滞于某一形态中而系维该形态社会所需的规范，已逐渐为人民习惯，则仅恃道德和礼教的提示与制裁，或会逐渐足够。像我国过去停滞于农业社会形态一般。而儒家的主张，也可说正是此停滞的产物。但一旦社会形态起了变化，甚至像现在变化得极快，则只靠法律以外的他种规范，便感不足系维。而法律正是应付此种变化的最良工具，以其制定既简捷合理，而执行更是靠得住。至于治者滥用权力，则问题本身不在法律要得与否，而在如何规范此治者的权力，这反而增加了法律的需要。此是后话。

三

我国道教的反对法律，表面上好像和儒家一样，只是他更进一步，反对一切"人为"的规范，连道德在内。但在另一方面，我国的法家却又"出于道家者流"。这岂非互相矛盾吗？其实，道家一方面反对"人为"的法，另一方面却主张宇宙间存着"道"。这"道"字的含义，与希腊的斯多益克（Stoic）学派[1]所提倡，及欧西于17至18世纪重复盛行的所谓"自然法"，正相契合。"道"及"自然法"不仅予自然界以规律条理，更予人类社会以行为的规范，人们只须遵依此"道"或"自然法"，

---

[1] 现译斯多葛学派，于公元前300年在雅典创立，认为宇宙间存在公理，即"神的法律"，人应该清心寡欲、顺从天命。

社会自会跻于和谐太平之境。所以人的任务，是在发现此原已存在的"道"或"自然法"，而依之行事，不应该自作聪明而妄立"人为"的道德法律。

道家更指出：人间一切罪恶，都是此自作聪明的"人为"道德法律所造成。

此说的问题乃在："自然法"究应如何发现？其内容究与"人为"法有什么区别？当希腊斯多益克学派的自然法说传入罗马，罗马的法学者便利用之以改革当时的法律。他们把当时严酷狭隘的市民法当作人为法，而以较合乎理性的万民法（Jus gentium）当作自然法，其结果乃造成罗马法的全盛，而成后世法律的典范。17 至 18 世纪的自然法说，更结晶成为法国的人权宣言以致美国的联邦宪法。我国法家亦承道家之后，自谓他们所发见，实则制定的法，正是道家所称的"道"。所谓法家出于道家者流以此。但不幸法家碰到了对头儒家，而后者复取得了政治上的支配地位，于是我国法家的成就，较之罗马与 17 至 18 世纪之自然法派便相形见绌了。

纵观此诸派所用以发现自然法的方法，多借人的理性。所谓理性，亦即当时一般社会的公平观念或价值标准。于是所谓"自然法"亦即合乎此观念或标准的法律。所以我国道家表面虽为反对法律，实则仅为反对已不合当时价值标准的法，而仍欲代之以合乎此标准的法律。

四

与上一节态度相同，即不否认法律本身的需要，而只是不满于现有法律的，其持论内容，可以各各不同，此有系于论者所立之价值标准维何。本文未便一一讨论。现只提出二句近时常常听到的批评法律的话，他们在表面上正相对立。一句是："法律是强者压迫弱者的工具"；另一句是："法律是弱者束缚强者的工具"。

先论前一句。

这里所谓强者，尤指经济上的强者，如马克思之说是。实则无论何时何地的人类政治组织，总免不了治者与被治者。从被治者看来，法律就成为治者统治被治者的工具，被治者既有所不满，于是法律就成为强者压迫弱者的工具。被治者此种口号，常为其革命的先声。等到被治者把治者推倒，以前被治者中少数人已跻于治者地位，于是在后此被治者看来，这辈少数人就成为强者，而自己便成为弱者。所以此口号永远可以存在，只是叫此口号者有不同而已。但此少数治者以前既不满于当时的法律，现在他们已做了治者，究竟将制定什么法律？或是：

他们所认为应然的法律维何？此则须视此少数人是否代表一个阶级，或只是一家一姓。在后者，则干脆地不必变更法律，而坦白承认只是换了一个治者，如我国历史上朝代的变易。在代表一阶级的革命，则成为治者阶级的，当然可以重定有利于该阶级的法律，或更进而消弭强者与弱者相对立的主张，而制定有利于全民利益的鹄的。

可是问题并不如是简单，因如上所述，强者弱者的对立，原是治者不满于所处被治者地位而倡的口号，此不满可能完全脱离了物质上利益的原因，而产生自心理上的一种权力欲、支配欲，甚至变态的卑微感（inferior conplex）。我们看：历史上很多变乱的主动者，并不一定由于物质利益上的不满，而大多是由于心理上的原因。同时，人类社会既缺不了政治组织，在此组织里避免不了治者与被治者的分际。不问我们用什么名称来称此治者，实质上总是当时握有统治权力的少数人。所以政治上最后的问题，除了解决物质利益的分配外，还得顾及如何分配与限制治者的权力地位，以消弭此强者弱者相对立的心理成因。罗素近著《权力论》（On Power）一书内，于此有所论及。最后还是归结于如何利用法律来驾驭权力，以达到真正民主的一个问题。

　　"法律是弱者束缚强者的工具"一语，可溯源到希腊的诡睿派，如柏拉图对话集里的高奇亚斯（Gongias）。而此说之获得有力论据，乃在达尔文的"物种起源"问世以后，到尼采的"超人论"及菲希特之"自我论"而登峰造极。依此说法，人类还正在进化中，所进化的自然历程是弱者为强者的前进而被淘汰。可是人类的近代文明正与此相反，尤其是道德法律，大多是帮弱者来束缚强者，使其不得前进。弱者所以能造成此种文明，乃因其常占多数，而强者为少数里的少数。文明是由多数人长期的奉行，始能成立。所以尼采称近代文明为没落的文明（Dekadenz），以其为弱者的文明，反进化的文明。于是强者的使命乃在打破弱者所加之束缚而重走上进化的大道。希特勒自己虽不敢如是明言，但其政治的理念基础，实在于是。依此理论，好的法律，应为强者所制定，用来促进进化，造成超人。

　　此理论，尼采自谓是一切传统价值的重新估定，举凡恻隐、博爱、公平、正义等传统观念，均在推翻之列；他认为弱者应被牺牲，只有强者才是新价值的中立。所以我们已不能凭借上列传统价值观念，予以反驳。此理论中能成为问题者乃所谓强者与弱者，究根据什么标准来批判。他们的含义决非与上一节内相同，在该节内，被治者自称弱者，称治者为强者，其批判标准只是握有统治权力与否。但在本节内则其含义绝不如是。推尼采之意，当指体力及智力上的强者与弱者。此就个人言，尚可客观地判定：谁是强者，谁是弱者。但一旦此判定不以个人为单位，而以民族为单位，则其批判便难以客观化了。何况尼采的"超人论"，到了菲希特手里，确已脱离了个人色彩，而以民族为单位了。于是民族中谁是强者，谁是弱者，便很难言。再加上时间上的考虑：一个现在似乎弱的民族，隔不多年便能成为强的民族，则批判更难。结果是各民族莫不自认为最优秀的或是强者。至于到底谁强谁弱，最后唯有诉诸战争。因此，战争在此理论中是必然的，且是弱者民族被淘汰的必然过程。

我们跟踪此理论，既已到此，不妨再进一步，假定强者民族确已战争胜利，其他弱者民族，已全被淘汰，于是此后所发生的问题是：此民族内的个人间关系将如何？是否回到个人的"超人论"，而重演个人间的淘汰战争，而只剩少数的超人？然此乃绝不可能，因一个人绝不能生存。此理论到此亦就碰壁。所以此少数超人，甚至此整个强者民族，最后还得靠法律来组织，不问此政治组织的内容含有多少为柏拉图理想国中早已有过的强者弱者客观判定的方策，但既是政治组织，于是问题还是回到上节内所讨论的如何分配与限制治者与被治者间的权力关系，此分配与限制还须靠法律。于是无论此"超人论"的如何重估一切价值，归根结底，还是逃不了此法治或民主问题的如来手掌。然则我们又何必绕此大圈，经过最痛苦的淘汰战争，最后还是回来想法解决此自有人类社会以来早就发生的老问题呢？

以上是循着尼采等的理论，推至其极，以证明其无法贯彻。若退一步，我们还可以说：所谓强者弱者，在进化的历程中，过去固应以体力智力为批判标准，但进化到了人类，尤其具有高级文化的人类，这批判标准便过于简单了。进化的历程，我们也承认还得继续前进，凡不自努力的个人，以至民族，还得在被淘汰之列，所以这理论至少还足以给我们，尤其是我们民族，一个警告。但我们更认为人类高级文化的特质，即其所有利他、互助、自我牺牲、公平、正义等等道德观念，确已减少了个人间惨酷的斗争，既已用合理的和人为的方法，来代替了惨酷的自然方法，以促进进化。此合理的和人为的方法，是否能扩张适用于民族国家间，则迄今尤不能肯定，不然，这两次世界大战便不会发生。但从已存的趋势，以及从人类文化在减少个人间惨酷斗争上已有的成就来看，文化的力量，总会有一天扩及民族国家的关系上的。道德的真正意义，是在化小我为大我。小我间不斗争，才可使大我向外斗争。此大我现已扩及到民族国家，于是民族国家始能更有力地向外斗争。然而，此大我何以不能再扩大一步，包括全体人类，而使全体人类，再向外斗争呢？或可说，那时已没有了斗争的对象。其实，人类应向之斗争的对象正多着呢！譬如说，我们若能把这次大战所费的财力人力，用在人类与疾病的斗争上，用在人类与自身的愚昧的斗争上，不知将有怎样大的收获，不知将加速多少年的自然进化。但要使将来战争里所费的财力人力，能用在上述几种人类向外的斗争上，最重要的还在使道德力量能早日扩及于民族国家间。于是，在有高级文化的人类中，所谓强者弱者，不应仅以体力智力，还得以道德上的优劣为批判标准。我们先须把道德上的劣者，予以人工的淘汰，于是人类才能进化到以全人类为大我的境界。这次世界战争的结果，如能真正做到淘汰道德上的劣者，则也就不失为一有意义或值得的战争。我们热诚的希望，真能如是。这里须附带说明：我们所须淘汰的，不仅是国际上的不道德和不守法者，我们更须淘汰国内的不道德和不守法者，才谈得上本节内所讨论的问题。所以，人类所应向外斗争的，不仅是对疾病，对愚昧，最重要的还是对不道德和不守法。

六

最后一种说："法律是骗骗人的"，乃是见到法立而不行，才慨乎言之的。像我国现在，法律是制定得相当完备的，从约法起以至全部民法，即比之各先进国，亦无逊色。但明眼人都看到：从最底层的地方政府，如各村、各乡、各县，渐推至上级机关，黑暗的荫翳，还常笼掩了灿烂的法律。或有人说：这是抗战的不得已。好像说：法律与战争是不相容的。这是一个极端错误的见解。战争对于国家民族间的道德法律，固是如此，但国内的法治，则对于对外战争正是相成相辅的。考之各国史乘，为了对外战争，才使国内上下，憬然于政治修明的必要。有了国内的政治修明，上下一心，对外战争才能获胜利。我国最高当局，早鉴及此，才在此抗战最后关头，诚意提倡宪政，更需要培养守法的习惯，上下督促，勇毅从事。

检讨了上列几种法律否定论，我们简单的结论是：法律的必需，是与人类社会同其始终。最合乎法律目的的体制是民主，所以民主就是法治。法治的实现，不只靠法律本身，尤靠上下守法的精神。

三十三年一月九日 [1] 于北碚

---

[1] 即公元 1944 年 1 月 9 日。

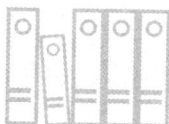

从法律之外到法律之内 [1]

　　建设民主的中国是艰难而繁重的。要使中国的政治能向人民负责，不但政治机构要改进，人民对于政治的设施还要能积极的参加。人民对于国家建设的问题若没有意见，民主的政治是没有基础的。因之，我们为了要促进民主的中国，所以愿意尽量的启发、组织和表达人民对于中国建设的意见。这是《时代评论》发刊小丛书的目的。

　　《时代评论小丛书》将陆续发表我们对于当前中国各种基本问题的意见。我们希望因这些意见的提出能引起读者的讨论和批评，我们愿为读者服务，凡是有系统的论文，

---

[1] 1946 年发表于《时代评论小丛书》（第三种）。

不论见解和我们合不合，我们都愿意编成这种小丛书，介绍给读者。

——原《时代评论小丛书》编者"叙言"

"法律之外"和"法律之内"这两个名词，是胡冈先生和笔者有一次在讨论侦探小说和侠义小说的问题时所提出的。胡先生把那次讨论的大意写成了一篇"侦探和侠义"的短文，发表于《时代评论》第9期。这里可先简述那篇短文的内容，来做本文的楔子。侦探小说是现代英美一般人民间最流行的读物，它们的翻译本在中国也已相当流行。可是中国作家却始终未能用中国背景来写一本侦探小说。反之，在中国一般人民中最流行的读物是侠义小说。这两个互相对照的不同事实，实乃发生于同一基本原因。这两种小说的所以为一般人民所喜读，除了它们故事内容的紧张离奇外，是因为它们都能够满足一般人民心理上对于公平正义的需求。所不同者，侦探小说乃是从法律之内获得公平，而侠义小说则是从法律之外获得公平。于是：侦探小说在现时英美的流行，正表示在英美一般人民意识中，公平正义乃存于法律之内；而侠义小说的在中国流行，以至侦探小说的迄今未能用中国背景来写，正又表示在迄今中国一般人民的意识中，公平正义之存在于法律之外。在中国，这个人民意识的形成实已有了很久的历史。侠义的崇尚，可上溯至专制政制的开始建立。所谓侠义，乃指对于合法政权的一种反抗，而想用法律以外的方法来获得公平。到了明朝，以政治的极端暗黑与专制，于是侠义小说如《水浒》等乃普遍流行于民间。这个事实所反映的乃是一个深切和广泛的人民意识，这意识认为用合法的方法是无从获得公平的。具体地说：中国人民很久以来对于政治、官吏，以至一切官方制度，不仅是怀疑过忌，甚至深恶痛疾。抽象地说：在中国人民的意识中，法律和主义早已分了家。

在本文里，我们想从上述的基本论点，做进一步的探讨。我们认为：不仅是在人民的意识中，即是在事实上，中国人民的生活，多是在法律之外，很少是在法律之内。不仅是正义与法律分了家，即是人民的生活亦和法律脱了节。我国现时"纸上的法律"尽管很多，学校里尽管讲授着分门别类的法律，而人民的实际生活却是另外一套。时至今日，世界的大潮已逼着我们不得不步武民主，而民主复与法治相表里。所谓法治，最广义地讲，就是一种在法律之内的生活方式。于是，我国当前的大问题乃成为：如何使一向在法律之外的人民生活方式，能进到法律之内？这大问题的解决，乃在先找到为什么中国人的生活一向多是在法律之外的真正原因。当然，在找寻这种原因之前，我人更得详确说明：什么叫作"法律之外"和"法律之内"？为什么民主与法治相为表里？以至到底什么是法治，什么是法律？等等基本问题。在本文里，我们想尝试解答这些问题。

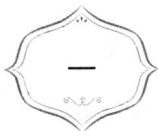

一

　　我们要说明：中国人民的生活，大部分是在法律之外，就得先确定法律的意义。所谓法律，可有种种不同层次的含义，我们先从最起码的意义说起。依此起码含义，法律是一种以国家公力为制裁的生活规范。这正是普通人心目中所谓法律。它也是在任何社会已进入了具有政治组织的阶段后，从形式上着眼的法律定义。中国，既不能不说是一个国家，或是一个已有政治组织的社会，于是所谓法律便也不得不指此种以国家公力为制裁的生活规范。所谓以国家公力为制裁，便是说：人民若是不依此种规范而生活，国家便会利用公力出来强制你必须遵守。最浅显的例便是刑法。人民犯了刑法，国家便会来刑罚你。但与人民生活更有密切关系的还是所谓私法，它是规定人民间私人关系的法律。譬如有人欠了钱不还，我们便得请国家出来用公力强制他还。这些道理，是学校里所读法律教科书上的天经地义。可是，若是我们看看中国人民的实际生活上是否如此，便会引起我们绝大的失望。国家所从而强制法律，使它对于人民发生效力的机关，最重要的是法院。人民要请求国家保护他们法律上的权利，便是向法院提起诉讼。可是中国人民对于法院、对于诉讼的态度，是怎样呢？要答复这问题，我们只须每个人问问自己，谁还信任了现在的法院？到了今天，法院的黑暗，贿赂的公行，已成了一个人人皆知的公开秘密。法院除了成为政权握有者的工具外，便是一个出卖判决的铺子。人民既已无从由法院获得权利的保护，国家既已不是法律的后盾，于是人民间在实际生活的关系上乃是一个不折不扣的自然状态，强者可以无恶不作，弱者唯有一任宰割。所以，在现在的中国，纸上的法律，从约法起一直到私法，规定得尽管周密详尽，即与先进诸国比较，亦无逊色，但这一切，与人民的实际生活是很少发生关系的。这便是人民生活于"法律之外"的第一层意义。

"法治"这口号，在中国不是现在才开始叫起。从清末的维新变法运动起，已是叫的不止一次了。站在统治地位的人，始终以我国人民没有守法的习性，或不够法治资格，认作法治不成功的原因。国民党现行的训政制度，便是这种见解的最具体的表现。统治者可以谴责人民的知识如何不够，人民不懂得什么是法律，即使懂了，却又只想怎样规避法律。这些事实，我们并非不承认，但问题却还在：造成人民不守法习性的原因究竟是什么？我们得就法律所具意义，做进一层次的论列，以解答这个问题。上节所举法律的定义，只说到了法律的制裁是出自国家的公力，但并没有说及这种规范究竟从何而来。在中国人民的心目中，法律乃指由统治者所制定的规范。这种见解的形成，也已有了很久的历史。韩非子所下法律的定义："法者，宪令著于官府，刑罚必于民心，赏存乎慎法，而罚加乎奸令者也"，早已深入了人民的意识。甚至我们现在一听到"法治"这名词，便立刻会联想到法家与儒家间关于"法治"与"人治"的争论。虽我们通常认为在这个争论中，儒家占了胜利，但所谓"法治"，以至"法律"，则几千年来，我国人民完全接受了法家所赋予的意义。法家所予法律的意义，若用现在的术语来说，便是"统治者所颁的命令"。刑与赏便是这命令的制裁方法。法家认法律为君主统治人民的一种工具，所以常与"术"和"势"相并举。法家所提出的法治问题，乃是如何使这种命令能发生最大效力，能使人民完全服从。所以在命令说的法律定义下，人民只站在被动和服从的地位。若是我们打开中国自秦以来的历史看看，尤其是在北宋以后的几朝，无论君主们在表面上如何把儒家抬出来做幌子，骨子里却十足的循奉了法家的主张。儒家对于君主的权利，虽曾想加以道德上的制限，但在法律上则亦不得不承认他的绝对无上的地位。法律既是人君的命令，于是人民对它的服从，乃完全是出于强迫的，不得已的。因此，人民对于法律的深恶痛疾，无时不在想规避，乃是必然的结果。民国成立后的几十年中，名义上的君主是没有了，但这几千年来历史所造成的人民对于法律的心理，却不是朝夕间所可改变的。何况民国以来的统治者，哪个不在效尤着法家的主张，而间接更加强了人民对于法律的仇视？

儒家对于君主的权力，曾设法加以道德上的制限，虽告失败了，但在另一方面，他们对于人民相互间的关系，另给以法律以外的道德或礼教的规范，却获得了成功。这事实足以说明我国旧律内为什么多的是刑法或其他公法法规，而很少是私法规定，即使有些，也脱离不了刑罚的制裁。孔子所谓："听讼我犹人也，必也使无讼乎？"实不啻对人民说，你们自己间的事还以少经官涉讼为得，经官涉讼是不会便宜的。于是我国旧有法律，便缩小到公法，尤其是刑法的范围内。国家与人民间只有一个统治者对被统治者行使其刑罚权和其他统治权的关系，而不像在他国，国家常以公力来做人民间相互关系的仲裁者。在罗马及其后的欧美国家，法律本以私法为其主要部分，但在我国，这一个主要部分却划入了道德或礼教的范围。直到现在，我国人民的生活，除了触犯刑法和在其他公法关系如赋税、兵役等外，可和官府很少发生干系。外国人常指摘我国法律的民刑不分，殊不知我国的私法本来就不在法律范围之内。也因此，我国人民的社会，大部分便在法律之外了。

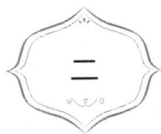

二

　　有些人读了上面一节所讲关于法律的制裁和它的制定，一定会觉得我们的立论过于偏颇。他们会说，在我国过去，法律的制裁和制定，虽确都握在统治者手里，但前者乃是社会进入政治组织阶段后所必然，而我们现有的司法黑暗乃是政治未上轨道前暂时的反常现象，我们不该因此而放松人民守法的责任。至于法律的由谁制定，则只是一个形式问题，我们只须问法律的实质是否合乎公平。至少我国过去和现在所颁布的法律实质上是合乎公平者的多，反乎公平者的少。所以更不能因一时政治上的原因，使法律不能完全生效，便宽宥人民的不守法律。我们对于前一种批评，将在下节讲到政治与法律的关系时详论。现在先来一论后一种的批评。这里的问题是法律和正义或公平的关系，也是法律又进一层次的意义。法律除了具备形式的意义，即是上述的制裁和制定外，更得具备一个实质的意义便是须合乎正义或公平。我们通常说：法律是以达到正义为目的，欠缺了正义的法律，不能算是真法律，指的就是这个意思。这几句常识上的话，听来好像很浅近显明，但在学说上却曾转了很大的弯，才达到了这个结论。这很大的弯乃绕在法学上关于"现实法"与"自然法"的关系的争论中间。对这争论，我们在这里殊无予以深究的必要。所谓"现实法"乃指只具形式意义的法律，而"自然法"乃指公平正义的来源。时至今日，我们至少都已承认法律只是一种达到正义的工具，所以抽去了正义，法律也就丧失其存在的意义。可是问题却还在：什么是公平正义？这个问题的答案，从柏拉图的《共和国》起，一直到现在，学者所提出的，何啻万数。原因是为了法律所规定的人的关系，内容太广杂，我们着眼于任何一种特殊关系，便可得到一种正义的特殊意义。更因为正义这观念，实已超越了法律，而进入了价值论的范围，因此不免渗入各时代和各人的主观的价值观念。但在这次世界战争之后，所谓正义，已获得了一个公认的意义。这意义，早为古来中西哲人所屡屡倡导，尤其已在各个私法内，和英美的政制中逐渐确立，但在这次世界战争的进行中和结束后，始取得了举世一致的公开承认。简单言之，所谓正义，乃指人人尊重彼此的人格，或是说，人人互为目的，而非只为工具。此人格或目的，不仅为抽象的，而实具有具体的内容，罗斯福总统所举的四大自由，便是这人格或目的的最基本的具体内容。易辞言之，任何个人，自身便是价值，这价值的相互尊重，即是正义。于是任何个人，不论凭借何种名分，或职位，或主义等等，抹杀他人的人格，利用他人为工具，以达到一己的目的，便是违反正义。法律既以正义为实质，于是从这个正义的标准，人与人的关系，得分为相反的两类：一是法律关系，二是权力关系。前者乃以相互尊重人格为内容，而以自愿结合为方法。后者乃以一方抹杀他方的人格为内容，而以一方强迫他方服从为方法。例如主人与奴隶的关系是权力关系，雇佣契约是法律关系。依此标准，所谓法律，即是规定此种法律关系的规范，除了它的实质意义应依此正义标准为批判外，其形式意义也随之发生变动。这变动将在下文予以说明。这里先须说明在这样一个实质意义的法律标准下，我国过去和现在所颁布的法律究竟是否法律？上述批评者所谓这些法律实质上是合乎公平者多，反乎公平者少，究竟是否事实？要解答这问题，我们复须从上面所提及的公法和私法的问题说起。在欧西，法律能够逐渐由权力关系的规范变为法律关系的规范，实在是靠私法部分为发轫的基础。例如罗马最初的十二铜表法，本来仅是一种权力关系的规范，主人对于奴隶，甚至家父对于家属，都操生杀予取之权，但后来先因逐渐吸收外邦人间所普遍通行的法律制度，使罗马私法的实质因而改变，及希腊斯多益喀哲学的传入，自然法说复给予法律的实质，即正义，以理论上的根据。于是私法始能脱离其形式的羁绊，而获得独立的存在与发展。罗马此后虽政制转回专制，迄未能阻挠或影响其私法的主义价值。这点罗马私法上的成就，实开法律得成为法

155

律关系的规范，而不仅为权力关系的规范的先河。此后的问题，乃在如何使此私法范围内的成就，得扩及全部法律。私人间的关系既能从权力关系，进入法律关系，于是进一步的问题是：如何使统治关系也能从权力关系进入法律关系。这便是此后欧美法治运动的内容，下文当予详述。它的促成的原因虽很多，但其发轫则不得不溯及于私法上的成就。

在我国，当法家最初倡导法治，原也想给予法律一个实质的理论根据，这根据是道家的所谓"自然"或"道"。韩非子的学于黄老，以及他著作中《解老》《喻老》诸篇，都有以自然法作为法律实质源渊的意味。道家的所谓无为而治，也由法家解为系指由法律而治。于是我国法律很可能从此获得一个独立的存在基础，像罗马法接受自然法学说后同样地发扬光大起来。但事实上却并不曾如此。这原因一方面固由于法家自己太置重于法律形式上的意义，它不仅是由统治者制定，更是统治者的一种统治工具。于是法律始终处于政治之下，而得不到独自存在的实质。在另一方面，上述儒家的乘机使道德礼教成为规定私人间关系的规范，也抑制了我国法律向私法方面的生长。法律既只指统治关系的规范，它想逃离权力关系的性质，而变为法律关系的性质就不是一件容易的事了。一直须等到欧西的法治思想输入，这改变才有希望。现在我们争法治，就是在想使权力关系能变为法律关系，而其焦点复集中在统治关系上。所以，用上述的正义标准来衡量，我们只能承认我国过去的法律只是一种权力关系的规范，尚没有进到法律关系的阶段。至于清末到现在所起草和颁布的种种法律，本来全是抄诸外国，不问公法或私法部分，迄今还只是纸上的存在，而和人民的实际生活绝少干系，所以离开本节所讨论的问题，不啻相去万里。批评者的话也就无置答的需要。

三

在以上两节内，我们已大体说明了法律所具各种层次的意义，更说明了我国人民的生活一向多是在法律之外。并且在字里行间，我们实已指出它的原因所在，这原因便是：我国统治关系始终未离权力关系的窠臼，而没有进入法律关系的领域。所以我国现有的大问题乃集中在：如何使统治关系由权力关系变成法律关系。用通俗的话来说，就是如何使政治就范于法律，或是使政治制度化，也就是如何使政治上轨道。

政治，或是统治关系，在任何国家的历史上，都是开始于权力关系。统治者与被统治者所处的地位，前者是可以任意颁发命令，后者是只有绝对服从。那时所谓法律，也只被统治者所服从的义务，而统治者则只握有颁发或制定的权力。在权力的统治关系下，人民在统治者前没有人格，不是目的。统治者所须考虑者，除了道德上自愿受到制限外，只是利害问题，就是怎样可使被统治者永远就范，而不起革命。我国法家所讲究的严刑峻法，权谋术事，都是统治者保持其统治地位的方法。一旦统治者所用方法不妥，被统治者革命成功，于是便换了一个新的统治者，而统治关系之为权力关系，则依然如旧。我国过去的几千年历史，便是这样一个只换统治者而不变权力的统治关系的循环继续。我们甚至相信，若是欧西的新潮流始终不冲来中国，若是没有这第二次世界大战后民主的胜利，中国历史会永远在权力的统治关系下继续下去。

在欧西，近代法治的发祥地是英国，此后传到美国和法国。我们在这里，不想来追溯法治在那几国发生的历史，但须得说明它的意义，尤其因为我国人讲法治常是指法家所讲与人治相对立的法治。近代欧西所谓法治乃是指统治关系的从权力关系变为法律关系。它的前提是先承认人的同等价值，不问统治者或被统治者都具有平等的人格。这种思想的渊源所来自宗教、学术思想以至私法，而其具体化乃始于人民对抗统治者的基本权利的确立，更进而使统治者的权力亦受法律的限制，或是说统治权本身也是法律所赋予。这正和此前所认法律乃统治者的命令，成个对照。于是理论上的问题乃为：法律既非为统治者的命令，反而是统治权力所从出，则法律究竟从何而来？这问题的答案便是所谓民约说。民约说并非说明一个历史上的事实，只是说，在法律的统治关系下，法律不是统治者所制定，而是全体人民所制定。从这基本立场，人民始得进而讲究如何用详密的法律来具体地限制统治者的权力。统治关系既为人类社会已进入政治组织阶段后所不能免，又是，为了要执行众人的事，不得不把权力赋予少数人，但人民更从历史的痛苦经验中，深切知道权力本身对于握有者的麻醉性，它足使握有者擒住权力不放，因而法律的统治关系便很容易再回复为权力的统治关系，于是不得不在法律上用各种分散和牵制的方法，来予权力以限制。我们只须稍读英国的宪政史和美国的如何制定宪法以及此后几任总统的如何克己守法，便可明白用法律来驾驭权力的如何艰难。总而言之，现代的法治问题，已不重在如何使人民守法，因为人民根本手无寸铁，只需政府有实力，便不难强制其守法；而问题乃重在如何使政府能守法，而不至回复到权力政治。尤其因为权力政治的结果，足以迫使人民不得不逃到法律之外。关于这点，本文最后一节讲到我国现在的问题时将再予阐明。

四

本文开端的时候，曾提及民主乃与法治相为表里。但迄今为止，我们始终避免用"民主"这两个字。现在对于法律和法治的意义既已说明，我们不妨在这里解释民主与法治的关系。我们曾说过法治最广的意义是指一种在法律之内的生活方式。从以上几节所讲，我们得更予以如下的较详细的定义：我们的生活关系，不问是私人与私人之间的关系，或是统治者与被统治者之间的关系，均合乎法律关系的性质，始为法治。这定义当然以"合乎法律关系的性质"为其枢纽，而这句话的意义，须参照上文所论，才能明白，这里我们不再言及。至于"民主"一词，则含义广泛，很难予以确定的界说。我们曾在他处说过，民主应指一种人生的态度，而不仅是指一种政治制度。所谓民主政治实在只是这种人生态度的一个表现而已（参阅《时代评论》第 5 期"悬崖沉思"一文）。但在这里，我们不妨先只从它所表现的政治制度上说起。我们虽通常说民主是指人民自己来治理自己的政制，但即在这种政制下，真正的统治权，还得握在少数人手里，无论这少数人是总统、内阁，或是委员和主席。

所以这里的问题还是在如何得由人民用法律来限制或监督这辈人的统治权，使他们不能擒住权力不放，而回复到专制的权力政治。于是这里所讲的，将和上节讲法治的内容完全相同。这就说明了民主与法治的关系。民主可说是一个目的，而法治乃是它必需的方法。尤其在民主政制中，法治才获得了完全的意义。例如在专制政治下，法家也曾倡导过法治，且如上文所示，法家所讲的法治，乃是片面的法治，就是只有被统治者有守法义务的法治。只有在民主政制下，法治才扩到了统治者的也须守法，而获得其完全的意义。

现在我们可以进一步讨论所谓民主是一个人生态度和法治的关系。读者粗读上面几节，很容易误认法律是一种万灵药，它可以保证民主政制的实现，可是事实却正与此相反。法律自身实在是一个最可怜不过的东西，我们在前文已屡次提到过，它可以只成为"纸上的法律"。法律能够发生效力，还得靠它背后的制裁力。但这制裁力却正握在统治者的手里。于是，当统治者自己要想违反法律的时候，究竟有什么方法可以强制他们守法，便成为宪法学上，也是实际政治上一个最大的难题。在历史上，我国袁世凯和德国希特勒都很自然地成功了窃国的宏愿；在美国，据最近比尔德（Beard）在他的新著《共和国》（*Republic*）一书中所说，华盛顿在独立战争中，和林肯在南北战争中，都很有机会做袁世凯和希特勒的先驱，可是他们始终没有尝试。这不同的原因究竟在哪里？这问题的解答，实超越了法律的范围。浅一点说，华盛顿和林肯的崇高人格实奠定了此后美国宪政的基础，但深一点看，也是当时美国人民已具有一种道德力量或舆论力量，迫使他们的统治者不得不守法。从这里可以看到，法律的真正的最后制裁，并不是统治者手中的有形武力，而是人民自己的道德力量。因此"法治"并不是与"人治"相对立，二者乃正相辅相成。只是现在所谓人治，并不同于我国以前所谓人治，它不只指统治者的得人，而尤其指人民自己的具有制裁统治者守法的道德力量。这道德力量复渊源于一国人民的教化。所谓教化乃指一种人生态度的养成，使人一方尊重自己，他方尊重他人。这便是我们所说过的民主的人生态度，也正是法律的正义标准。于是法律、民主和教化，乃合而为一。

有些批评者指摘我们上几节的立论为一种"法律的政治观"，或是说硬把法律问题拖进了政治问题，他们尤其认为我们是把西洋近代的形式的法律概念，硬用来衡量我国本有的独特的生活方式，结果当然只有到处不满，痛骂现实。他们认为我国自有一套独特的法律，渊源于自己的生活习惯，我们要谈法律，便得先看这套法律是什么。

我们对此的答复是：我们并非是将法律拖进政治，相反的，我们正想把政治也置诸法律之下。至于说我国本有独特的生活，以致独特的法律，我们也相当地承认；所谓相当，便是说，在私人与私人之间的关系上，我国的确本有一套合乎法律实质的生活规范。可是在一个民族已进入了政治组织的阶段后所必有的统治关系上，则我国本有的一套法律或习惯，在现在已经要不得。所谓要不得，乃指已不能用以生存于现在的世界。尤其是因为旧有的权力政治的结果，已迫使原有的私人之间的法律关系也解了体，即是上文所谓已迫使人民不得不逃到法律之外。我们上面所举法院的黑暗，只是这里的一个末节。若是我们张目看看现在社会上一切的黑暗，哪一样不是造成于统治者的不法？法外暴力组织，如特务等的横行；任何名义上好听的政治设施，如统制之类，都成了敲诈剥削的借口；抗战的胜利，也只成为收复大员发财的机会。凡此种种，举不胜举，我们怎还能逃避现实，而高谈其政治自政治，法律自法律？我们怎能不认定：政治就范于法律，才是重新使中国成为一个人的世界的关键？

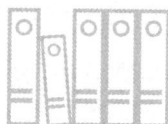

国际私法上反致原则之肯定论 [1]

一、引言

国际私法上有若干基本原则，在各国立法例及学说上，迄未获得一致解决。反致原则 Renvoi 即属其一。此等问题之所以难于解决，实因其与国际私法之本质与目的具有密切关系。关于国际私法之本质与目的，学者见解既难期一致，于是以此为基础之问题，势亦难获一致解决。且各国立法例之形成，每由于历史上之特殊原因，及引起学者注意，各在理论上予以诘难

---

[1] 作者该观点最初以"国际私法上反致及转致问题之肯定论"为题发表于《大公报》法律周刊第 13 至 15 期。——编者注

或辩护，尤足形成实际与理论之分歧。迄今为止，多数国立法例于反致原则主肯定论，而多数学说则持反对论。然成文法或判例之适用，固仍有赖于学说为之解释推演，斯更形成反致原则在适用上之种种矛盾。

本文之作，旨在为反致肯定论确立其理论根据，更进而证明其实际适用之可能。盖国际私法发展至晚近，不特其本质已超越形式的国内法，且其目的尤在乞求法律之国际的和谐，[1]而反致原则正为达到此种和谐之一个方法。我国受领事裁判权之羁绊，国际私法迄未发达，学者持论复多囿于多数说之是从。兹篇所论，或足供进一步探究之参考，抛砖引玉，有深企焉。

二、反致原则之沿革

所谓反致，乃指：依内国国际私法之规定，系争问题应适应甲外国法，而依甲外国国际私法之规定，复应适用内国法，于是内国法院最后依内国法解决系争问题。例：英国人有住所

---

[1] 参考 Martin Wolff: Private International Law, 1945, p.15. 及 Rabel: The Conflict of Laws: A Comparative Study, 1945, P.96。

于中国，今以其行为能力问题在中国法院涉讼。依我国《法律适用条例》第 5 条之规定，该问题应适用当事人本国法，即英国法，而依英国法复应适用当事人住所地法，即中国法。于是中国法院最后适用中国法解决该行为能力问题。依国际私法之术语，该英国人之行为能力问题乃反致于中国法。

广义之反致，复兼及转致（Renvoi au second degré, Weiterverweisung）。所谓转致，乃指：依内国国际私法之规定，系争问题应适用甲外国法，而依甲外国国际私法之规定，复应适用乙外国法，于是内国法院最后适用乙外国法解决系争问题。例：英国人有住所于法国，今以其行为能力问题在中国法院涉讼。依我国上举国际私法之规定，应适用当事人本国法，即英国法，而依英国国际私法之规定，复应适用当事人住所地法，即法国法。于是中国法院最后适用法国法解决该行为能力问题。依国际私法之术语，该英国人之行为能力问题乃转致于法国法。

在历史上，虽自 17 世纪起，欧洲诸国法院之判例已有采用反致者。如 1652 年法国洛盎（Rouan）法院曾依据另一法国法域之国际私法规定而反致的适用诺曼底（Normandie）法域之法律。[1] 英国自 1841 年 Collier v. Rivaz 及 1844 年 Maltass v.

---

[1] 载 Revue de droit international privé, 1926, p.20。

Maltass 二案起已承认反致。[1] 德国亦于 1861 年 3 月 21 日由吕贝克（Lucheck）高等法院首次采用反致。[2] 然反致之引起学者注意而成为国际私法上一大问题者，则始自 1878 年法国最高法院所判决之福尔哥氏（Forgo）一案。[3] 该案案情如下：福尔哥氏（Forgo）为生于德国巴伐利亚邦之一非婚生子，居留法国，惟依当时法国法，未于法国取得住所，未立遗嘱，遗有动产而死。依当时法国亲继法，凡非婚生子未被认领，即与生母之亲属，亦不发生亲属关系，故福氏虽于生母方面有旁系血亲，依法国法仍为无继承人者。惟依当时法国国际私法，因福氏未于法国取得住所，故其继承问题应适用其本国法，即巴伐利亚邦法。依巴伐利亚邦之亲继法，福氏虽有旁系血亲为其继承人，然该邦国际私法规定于继承采住所地法主义，且认福氏最后住所系在法国。于是法国最高法院乃依据巴伐利亚邦国际私法之规定，将该案反致于法国法，最后适用法国亲继法而认福氏为无继承人者，其所遗动产归法国国库。

自福氏一案出，反致原则不仅为法国此后判例所遵循，即多数大陆法系国家，如德、匈、瑞典、波兰、日本、我国等，

---

[1] 为 Dicey: A Digest of the Law of England with Reforence to the Conflict of Laws, 4th Edition, p.812, note g 所引。

[2] 初载 Clunet: Journal du droit international, 1881, p.61。

[3] 同上注。

均著诸成文法规，[1] 其他如比利时、巴西、宝加利亚 [2]、卢森堡、挪威、西班牙、罗马尼亚等，则亦以判例采用反致。[3] 此等国家大都于人法采国籍主义，其所以乐于采用反致原则者，除出于因袭外，尤在多获致适用内国法之机会，从而减少适用外国法之麻烦。欧陆少数国家中于立法例上为采反致原则者，以意大利为最著。其历史上之原因盖由于马志尼所创国际私法上国族主义之影响，当意大利制定其国际私法于民法加前编时，[4] 盖自谓为世界各国树一模范，于是对于他国国际私法均认为不屑顾及，遑论由反致而予以适用。英美国际私法于人法采住所地主义，故于反致，较之采国籍主义国家，实少实益。易言之，英美不能借反致而多适用内国法。美国迄今，除少数邦法院判

---

[1] 德国民法施行法第 27 条，规定于行为能力、结婚、夫妻财产制、离婚、继承这五种法律关系，承认反致。此后判例则将反致原则撰及其他法律关系，且更承认转致。

匈牙利婚姻法（1894）第 108 条："婚姻之成立，依当事人之本国法，但该本国法规定适用另一国法律时，不在此限。"

日本法例（1898）第 29 条："应依当事人之本国法时，如其国之法律，以为应依日本之法律时，依日本之法律。"

中国法律适用条例（1918）第 4 条："依本条例适用当事人本国法时，如依其本国法应适用中国法者，依中国法。"

波兰国际私法典（1928）第 36 条："依本法应适用外国人之本国法，而依该外国法应适用另一国法规时，适用该另一国之法规。"

[2] 现译保加利亚。——编者注

[3] 参考前引《大公报》法律周刊第 13 号至 15 号拙著："国际私法上反致及转致问题之肯定论"。

[4] 意大利民法（1865）加前编第 6 条至第 12 条，参考 Makarov: Die Quellen des internationales Privatrechts, 1929, p.79—80。

例有例外外，原则上未曾适用反致，[1] 其原因实基于此。然英国法院判例则于反致竟予以最广泛之承认，[2] 则另有其历史上之原因。依英国国际私法，遗嘱仅依住所地法规定之方式订立者，始为有效。而依多数国之立法例，遗嘱依订立地法所规定之方式者，亦为有效。于是英国法上该规定之绝对贯彻，势将对于多数遗嘱人之不知该项严格法规者，形成极不公平之结果，即大多数依订立地法方式之遗嘱，将不为英国法院认为有效。为欲避免此种不公平结果，英国法院乃承认遗嘱方式之依住所地法所转致之订立地法者，亦为有效。此项原则确立后，始由逻辑推演而逐渐扩及他种法律关系，并及于反致。[3]

各国立法例因历史上之特殊原因对于反致原则所采不同立场，初本少理论上之根据，于是当福氏一案引起法学者注意后，学说上对此之讨论，一时风起。尤足注意者，法德两国虽于判例及成文法于反致采肯定论，而其学说，则除少数例外外，迄

---

[1] 纽约州 Surrogate 法院于 In re Tallmadge 一判例（1919. 109 Mise. B96, 181 N. Y. S. 556）曾于反致以理论上之驳斥。由皮尔教授（Beale）所主编而由美国法学会 American Law Institute 于 1934 年所公布之《法律冲突法汇撰》（Restatement of the Law of Conflicts of Laws），第七节于反致持反对说，仅于婚姻、身份及不动产承认例外。

[2] 英国关此之最著判例例如：In re Annesley（1926）1 ch. 692; In re Ross. Ross V. Waterfield（1930）1 ch. 377; In re Askew（1950）2 ch. 259 等。

[3] 参考 Westlake: A Treaties on Private International Law，7th Edition, 1925, p. 55。

多持反对立场。[1] 德国学者对于德国民法施行法第 27 条 [2] 之解释，亦因之而有广狭之殊。仅少数持肯定论者，始同意于该国大多数判例所采之广义解释，即认为反致原则应扩及于其他法律关系。多数主反对论者则于该条主狭义解释，有仅容许该条内所列举之五种法律关系适用反致者，亦有于凡适用本国法之法律关系承认反致者。[3] 英美学说既多采实证方法，即自限于现实法之说明与组织，故常以本国所采立法主义为依据。英国自戴西（Dicey）始，学者多采肯定论，美国则反是，且多于反致不予讨论。

三、反对论之论据

于反致持反对论者称：依一国国际私法所适用之外国法，乃指该外国之实质法，内国法院即应依此实质法以解决系争问

---

[1] 持反对论者，法有 Bartin, Valey, Pillet, Arminion, Nibboyet 等，德有 Gelhaed, Kahn, Zitelmann, Niemeyer, Habicht, Neumeyer, W. Lewald, H. Lewald 等。持肯定论者，德有 Von Bar, Enneccerns, Melchior, Rabel 等，法有 Weiss 等，其详参考《大公报》上引拙著。

[2] 参考 P171 注 [1]。

[3] 参阅上引《大公报》法律周刊拙著。

题。[1] 如本文第一节所举例，对于该英国人之行为能力，我国法院应根据我国法律适用条例第 5 条而适用英国法中关于行为能力之实质法上规定，予以解决。诚如是，则绝无所谓反致问题之得以发生。在福氏一案前，各国法院，除极少例外外，固均如是判决也。

考福氏一案之所以引起反致问题者，乃因法国最高法院为达使福氏遗产归属法国国库之结果，乃认为依法国国际私法所适用之被继承人本国法，即巴伐利亚法，非仅指该邦法中关于系争问题之实质法上规定，而应为该邦之全部法律，亦即应包含其关于系争问题之国际私法上规定。对于涉外案件，国际私法规定既应先于实质法规定而适用，于是法国最高法院于本案即应先适用巴伐利亚之国际私法规定，复依此项规定，本案即应适用被继承人之最后住所地法，即法国法。法国最高法院乃最后适用法国实质法，而判决福氏为无继承人，遗产应归属于法国国库。

上例所示，承认反致者之基本立场乃在认定：依一国国际私法所适用之外国法乃该外国之全部法律，亦即包含其国际私

---

[1] 是为任何主反对论者所持之理由。国际法学会（Institute of International Law）于 1898 年在海牙（Hague）及于 1900 年在牛旭丹（Neuchatel）开会，对于反致曾予讨论，当时由参加该会议之法学者，以 22 票对 6 票，通过如下决议："各国国际私法规定应明定每一种法律关系所应适用之法规，此法规非指外国之国际私法。"是其显例。参考 Lorenzen: Selected Articles on the Conflict of Law, 1947, p. 25—26。

法在内。反对论之基本立场则正相反，认为依一国国际私法所适用之外国法，仅指该外国法中之实质法部分。在国际私法学上，前者称"全部法律转引"原则（Gesamtverweisung），后者称"实质法转引"原则（Sachnormverweisung）。此两种相反之基本立场，如下文所示，实根源于我人对于国际私法之本质与目的所持不同见解，反致仅为其表现之一端而已。

自反对反致者视之，则所谓"全部法律转引"原则，仅系肯定论者，欲达其自私目的，所凭空捏造之工具。此自私目的，除福氏一案所显示者外，乃在造成多适用内国法之机会。现世多数立法例之承认反致，实为其立法者及司法者此种自私心理之表现，而别无其他理论根据之足言。

反对论最有力之攻击方法，乃在指出反致肯定论在逻辑上之矛盾。肯定论既借口所谓"全部法律转引"原则，而达到反致于内国法之结果，则依其逻辑，此处所谓内国法亦不应限于内国法中之实质法，而应为内国法之全部，亦即包含其国际私法在内。于是依此内国之国际私法，复应再度反致于外国法。且此外国法复为外国法之全部，即包含国际私法在内，于是复应第三度反致于内国法。如斯转辗反致，以至无穷，而绝无最后适用内国或外国之实质法以解决系争问题之机会。是项逻辑上之矛盾，法国学者皮耶（Pillet，1857—1926）及尼布瓦耶（Niboyet）曾喻之为"国际的网球战"，盖喻其来回返击，不应有已时。有之，惟当一方已经失败，亦即已经自违其逻辑。[1] 德国学者卡尔姆（Kalm）称之为"镜璧之室"，亦所以喻其来回返照，无有已时。[2] 法国莱恩（Lainé，1841—1908）及瓦莱里（Valéry）则径称之为"不断之恶环"（Circulus Vitiosus）。[3]

四、肯定论之论据

肯定论之论据，得于其驳斥反对论之论据中见之。

反对论以福氏一案前大多数国家法律不承认反致，即认为反致无存在理由，实不足取。盖任何真理，均随人知发达而逐渐昌明。不能谓历史上所无者，即非为真理。哥白尼以前虽无人承认地球绕日而行，然不能不认此为晚出之真理。在国际私法中，反致固较晚出，然非无成为真理之可能。何况即在福氏一案前，英国判例已予承认，法德少数判例亦然，正如真理在获得普遍承认前已为先觉者个别发现也。

福氏一判决之动机，以至各国立法例采用反致之特殊原

---

[1] Pillet et Niboyet: Manuel de droit international privé, 2nd Edition, 1928, p.485.

[2] Kalm: Abhandlung zum internationalen Privatrecht, Vol.I, 1928, p.20.

[3] Lainé: Chunet, 1896, p.257; Valéry: Manuel de droit international privé, 9th Edition, 1925, p.608.

因，如前所述，事实上诚或如反对论者所称之自私。惟任何立法主义或法律制度，苟不具有合乎法律目的之内在理由，至多或能昙花一现，殊难获得永久化与普遍化。今反致一原则，虽经多数学者之反对，仍为多数国家之立法所继续采用，其是否具有合乎法律目的之内在理由，实有详予探究之必要。任何制度，其偶然的发生原因，每不足说明其继续存在之真正理由。此真正理由，于法律制度，斯为合乎法律之目的。于是反致一原则之评价，最后尚系于我人对于国际私法所具目的之见解。

如上节所述，反致每以全部法律转引原则为其技术上之理由。此原则之含义得自德国与英国之判例中见之。德国最高法院所著是认反致之判决中曾谓："当德国法院依国际私法适用外国法时，应设想该外国法院对于系争问题将如何判决。" [1] 复谓"一国法律系一整体，殊难由另一国法院强予划分一部分实质法，另一部为国际私法。今竟强予划分，且仅适用其实质法部分，实正所以违反该外国之法律。该系争问题苟由该外国法院受理，且依该外国法律，即不应适用其实质法，而应适用另一国实质法，易辞言之，实不啻该外国之实质法对系争问题无规

---

[1] 德国最高法院 1906 年 2 月 15 日判例（RG Bd. 62 S. 404ff），1906 年 11 月 30 日判例（RG Bd. 64 S. 392f）；英国判例如 Casdagli v. Casdagli（1918），p. 89. 110, Scrutton L. T. In re Ross, Ross v. Waterfield（1930）I, Ch. 377 等。

定。今则反由另一国法院强予适用此本无规定之实质法，非正所以违反该外国之法律乎？准是以言，此同一系争问题，将以其偶然的为该外国法院所受理，或为另一国法院所受理，而得相反之判决，其有违公平原则，彰彰明甚。"[1]

反对论所根据之"实质法转引"原则，何以得形成"有违公平"在结果，得显示于下述例案：在莫斯科有住所之瑞士男子，与其侄女在莫斯科结婚。其侄女亦为瑞士人，且于莫斯科有住所。此婚姻依俄国法为有效，以俄国法无叔侄间结婚之禁止。瑞士民法第 100 条虽禁止叔侄结婚，惟依瑞士国际私法，此结婚要件应依俄国法，盖俄瑞两国国际私法，于结婚要件均采行为地法或结婚地法主义也。此夫妇二人后移居德国，夫在德国法院提起婚姻无效之诉。德国民法施行法第 27 条虽规定反致，而其狭义解释不及于本案。[2] 故反对反致者仅得贯彻其"实质法转引"原则，而不与法律明文相抵触，斯得最后依德民施第 13 条之类推解释而适用当事人本国法，即瑞士实质法，结果宣告该婚姻为无效。于是，本案结婚无论依当事人住所地法、当事人本国法或结婚地法，本均认为有效者，今只以偶然地于

---

[1] 德国最高法院 1912 年 2 月 15 日判例（RG Bd. 78 S. 234ff）。

[2] 德民施第 27 条规定，对于民施第 13 条第一项之情形采反致。而民施第 13 条第三项仅规定："结婚，以配偶至少有一造为德国人时为限，其要件依各该当事人本国法。外国人在德国结婚时亦同。"故依上述对于第 27 条之狭义解释，本案 1 即不在反致之例。

德国起诉，德国法院由于实质法转引一原则，即不得不宣告其无效。此结果之有违我人最浅显之公平意识，实无可疑，即在主张实质法转引原则者，亦当深为骇异。所幸德国最高法院一秉其"全部法律转引"原则，于此案依瑞士国际私法规定而最后适用俄国实质法，宣告该婚姻为有效。[1]

上例所示，"实质法转引"原则之贯彻，足使不同国家法院对于同一案件，有不同之判决。反之，"全部法律转引"原则之实效，正所以使同一案件，无论由任何一国法院判决，结果均归同一。进而言之，反致反对论者所持之"实质法转引"原则，其最后依据，乃在认定国际私法之本质为内国法，其目的亦仅在获致内国之公平与便利。[2] 各国既各有不同的内国之公平与便利，故同一案件不妨在不同国家法院获得不同之判决。反之，反致肯定论者所持之"全部法律转引"原则，则其最后依据，乃在认定国际私法之本质为国际的，或超国家的，从而其目的乃在获致国际的，或超国家的公平。此公平之较具体鹄的，正在获致各国法律之和谐（harmony of law），亦即使同一涉外私法案件，不问其由何国法院受理，均能获得同一判决。窃考国际私法之发生，原由于对于涉外私法案件已感觉不宜于只依法院地法予以解决。易言之，涉外私法案件之只依法院地法解决，

---

[1] RG. Bd. 91（1917），p. 159.

[2] 参考 Lorenzen: Selected Articles on the Conflict of Law, 1947, p. 25—26。

已感觉其有违公平意识，而此公平意识实已超越法院地法范围。虽此后以近代国家之兴起，国家主权论之确立，各国国际私法所具国内法之形式，以及实证论法学之盛行，曾使法学者置重于国际私法之内国法性，然其原有目的之在获致超国家的公平，则实难否认。反对反致论者有忽于是，致如上例所示，其所持"实质法转引"原则竟形成是项公平意识之显然违反。反之，反致肯定论者所持之"全部法律转引"原则，不特非如反对论者所指摘仅为自私之工具，抑且正为达到国际的，或超国家的公平所必需。

反对论最有力之论据，厥唯指出反致在逻辑上之矛盾，亦即来回反致将无底止。论者有于理论上虽是认肯定论上节所举理由，而仍不得不认其在实际上为无法贯彻者，亦即在实行时于逻辑上无法避免矛盾者。[1] 于是肯定论之难题，斯在其确立理论根据者少，而在其证明实际适用之可能者多。吾人既于上节已确立反致原则之理论根据为获致法律的国际和谐，或超国家的公平，兹请进而试行解决其在实际适用上之难题。此难题之性质，自反对论者视之，故系形式的或逻辑的，然自吾人之观点看，则毋宁谓经验的或实质的，其解决之道，乃系就各种不同情形求取"全部法律转引"原则之实际适用方法。为说明

---

[1] 参考 Cheshire: Private International Law, 1935, p. 141。

177

便利计，此各种不同情形之分别解决方法，将于下段解释我国现行法时详细论述。所得先予指出者，即就本节内上举案例言，德国法虽将该案之"网球"掷诸瑞士，瑞士复将此球掷诸俄国，然俄国法于结婚要件既采行为地法主义，于本案俄国复为行为地，俄国法即乐于接受此"球"而不再外掷，故其结果为适用俄国之实质法。是已足证反对论所称转辗反致将无底止，于此案即不尽然。

五、我国现行法之解释

我国现行法规定反致于法律适用条例第 4 条，此外别无判例或解释例可资遵循。该条法文为："依本条例适用当事人本国法时，如依其本国法应适用中国法者，依中国法。"此乃直接沿袭日本法例第 29 条，间接依据德国学者如尼麦耶（Niemeyer）等对于德国民法施行法第 27 条所为第二种狭义解释。此种解释乃将反致原则限于适用当事人本国法之法律关系。

对于我国法律适用条例第 4 条，得有二种不同解释方法：一为狭义解释，乃以反对论为基础，是为多数说；二为广义解释，乃以肯定论为根据，是为少数说。依此狭义解释，我国法律适用条例第4条斯具如下性质：

甲：此规定为一例外规定。其立法理由仅为多适用内国法之便宜，而别无其他公平原则为根据。因其为例外规定，故解释应从狭义，亦即凡未为本条所明示之法律关系概采反面解释，而不得反致。

乙：此规定为一逻辑上之矛盾。即第一步既承认依内国国际私法所适用之外国法为外国法之全部，即包含其国际私法在内，斯能反致于内国法，然第二步即不再承认此内国法亦为内国法之全部，即包含其国际私法在内，而武断地将此内国法限于内国实质法，以避免转辗反致。是即上述反对论者所谓："其来回反击，不应有已时，有之，惟一方已自违其逻辑。"此逻辑上之矛盾，惟在根本反对"全部法律转引"原则之立场，始能自圆其说，因其认此项规定，本仅为一便宜之例外规定，自身故不具逻辑上之价值也。

丙：此规定仅及于反致，而不及转致。

狭义解释之长在简便易行，惟在理论上，则决不能以其自承违反逻辑，即谓为问题已获解决。广义解释乃认定国际私法之目的系在获得超国家的公平，或国际的法律和谐，而以"全部法律转引"原则为其方法。依此解释，我国法律适用条例第4条乃具有下例性质：

甲：此规定为一示例规定，即为我国国际私法根本是认

"全部法律转引"原则之一例证。故即在未为本条所明示之情形，苟为获致公平所需要，亦应类推地承认反致及转致。

乙：此规定非如狭义解释在乙项内所称系反致原则之武断的截止。其真实意义应为：只于依外国法或其国际私法应适用内国实质法时，始应由内国法院径适用内国实质法而解决系争问题或案件。此种情形，当该外国国际私法不承认反致或转致时，得行发生。例如丹麦国际私法于人法采住所地法主义[1]且不承认反致或转致。[2]于是当在中国有住所之丹麦人，于中国法院关于其行为能力发生诉讼时，先依我国法律适用条例第5条之规定，对于此问题应适用当事人本国法，即丹麦法，亦即丹麦之全部法律。复依丹麦国际私法，此问题应适用当事人住所地法，且丹麦国际私法不承认反致或转致，故此处所称当事人住所地法仅指其中之实质法，于是依我国法律适角条例第4条之规定，即应由我国法院适用中国法中关于行为能力之实质法。本案之如是解决，乃使我国法院置身于丹麦法院之地位，由是此同一案件，不问系由中国法院抑由丹麦法院受理，均能获得同一之判决，即均将适用中国之实质法。此例亦足否定反对论所谓转辗反致无有底止之说。

---

[1] 参考 Rabel: The Conflict of Law: A Comparative Study, 1945, p.110, note 32。

[2] 参考 Melchior: Die Grundlagen des deutschen internationalen Privatrechts, 1932. p.199, note 3。

丙：至于依内国国际私法所适用之外国法亦承认反致或转致时，则其解决方法须视该外国法所承认反致或转致之程度而定。兹先论该外国法之承认反致系仅限于得适用该外国实质法之场合，如法国法是。[1] 例如被继承之法国人在中国遗有不动产，今以此不动产之继承在中国法院起诉。依我国法律适用条例第 21 条规定，该继承事件应适用被继承人之本国法，即法国法，且依"全部法律转引"原则，此处所谓法国法应指法国法之全部，即包含法国国际私法在内。依法国国际私法，不动产继承虽原则上应适用不动产所在地法，[2] 然同时承认反致，且仅以得适用法国实质法为止，而不再向外反致。我国法院对于该案即应置身于法国法院之地位，而最后适用法国关于不动产继承之实质法。于是此一案件，不问系在中国法院，抑由法国法院受理，均能得同一判决，因其均将适用法国之实质法。故亦不至于转辗反致，以至无穷。

丁：次论外国法完全承认反致或转致者，如英国法是。英国法之如何贯彻其完全承认反致或转致，得由下列判例示之：

A. Davidson v. Annesley.[3] 本继承案件依英国国际私法应适

---

[1] 参考 Niboyet: Mannel de droit international privé, 1928, p.479, note 403。

[2] 参考 Lewald: Internationales Erbrecht；im Schlegelberger: Rechtsvergleichendes Handwörterbuch, Bd 4.，p.540 及 Melchior: Die Grundlagen des deutschen internationalen Privatrechts, 1932, p.221。

[3] Law Reports Chancery Division 1926 Part 8, p.692, May. 21. 1926.

用法国法，复依法国国际私法虽原则上应适用英国法，惟依其反致条款则复应反致于法国法。英国法院既置身于法国法院之地位，故最后适用法国实质法。

B. Ross v. Waterfield.[1] 本继承案件依英国国际私法应适用意大利法，依意大利国际私法此案复应适用英国之实质法，故英国法院最后适用英国之实质法。

C. Marjoribanks v. Askew[2] 及 Collins v. Attorney General.[3] 两案均系亲属法事件，依英国法应适用德国法，依德国国际私法复应适用英国法，且更承认反致。英国法院今置身于德国法院之地位，认定德国法院于此案最后将适用德国实质法，故英国法院亦最后适用德国实质法。

现在问题为：如我国法院所受理之案件，依我国国际私法应适用英国法，而依英国国际私法复应适用中国法，且英国国际私法更承认完全之反致原则，则应如何解决？此一情形，虽较上述二种情形为难于解决，因由纯粹理论言，此处英国实质法与中国实质法实具有被适用之同等资格。惟吾人于此亦得准用排斥条款之例，当违反内国公序之外国法被排斥后，复无其他外国法足资适用时，最后始以内国法填补此法律空隙。今英

---

[1] Times Law Reports, Vol. 46, p.61, Nov. 14. 1929.

[2] Times Law Reports, Vol. 46, p.539, May. 30. 1930.

[3] Times Law Reports, Vol. 47, p.484, Jun. 12. 1931.

国实质法与中国实质法既具有被适用之同等资格，即不啻相互抵销而造成法律之空隙，此空隙亦惟有最后由中国实质法填补，较为允当。此不特为德国法院实际所采用之解决方法，[1] 且如是解决，仍将与英国法院获得同一判决，如上举 Marjoribanks v. Askew 及 Collins v. Attorney General 二判例所示。

论者或将指出，此种解决方法仍不免为一逻辑上之矛盾，盖依"全部法律转引"原则，英国法既反致于中国法，中国法即应再反致于英国法，今中国法既武断的截止于其实质法，岂非自违其逻辑乎？[2] 吾人则认为"全部法律转引"原则仅为达到法律的国际和谐之一种工具，其本身并无绝对性。凡执着于工具之绝对性，反而牺牲其原有目的，斯正耶陵氏（Jhering）所称"概念法学"[3] 之末流。健全之逻辑，应为目的之贯彻，而非为工具之执着。上述解决方法，正所以贯彻国际私法的国际和谐之目的，岂得谓为有违逻辑乎？

戊：德国法为该外国法时，我国法院应采本节丁（C）二判例内英国法院所采之解决方法。盖吾人认定德国国际私法最后适用德国实质法之倾向实较我国国际私法为强，故惟有如是

---

[1] 参考 Melchior: *Die Grundlagen des deutschen internationalen Privatrecht*, 1932, p. 224。

[2] 参考前注 Cheshire: *Private International Law*, 1935, p. 141。

[3] Jurisprudence of conceptions. 参考 Jhering: Scherz und Ernst in der Jurisprudence, Pt.3, 10th Edition, 1884, p.245。

解决，斯能与德国法院获得同一判决。

己：转致问题亦得以上数项所用方法予以解决。当依我国国际私法应适用甲国法，而依甲国国际私法复应适用乙国法时，我国法院应设身自处于甲国法院之地位，而予以解决。苟甲国法不承认反致或转致原则，则其解决较为简单，即径适用乙国之实质法。例如在意大利有住所之美国纽约邦人之被继承事件在中国法院涉诉，依中国国际私法应使用美国法，[1] 复依美国纽约邦法应适用意大利法，[2] 且美国纽约邦法不承认反致或转致，[3] 故中国法院最后应适用意大利实质法。如是判决，将为中、美、意三国法院所从同。至于甲国法承认反致或转致时，则须视其所承认之程度，而依上数项所举方法，设身自处于甲国法院之地位，逐一解决。

庚：上述诸种情形，均假定外国法之是否承认反致或转致原则已为吾人所确知。苟吾人对于外国法对此原则之立法主义无法探悉，则应推定其为不承认，而不应推定其为与我国立法主义相同。盖在我国法上能发生反致或转致问题者，相对之外国必于国际私法上采取与我国国际私法某种相异之立法主义，如于人法采住所地法主义是。此既相异，而谓其于反致

---

[1] 法律适用条例第 20 条。

[2] Section 47, New York Decedent Estate Law 及 In re Tallmadge 一案，见 P172 注 [1]。

[3] In re Tallmadge，见 P172 注 [1]。

或转致反与我国立法主义相同，实少可能。从而吾人不得不就历史事实，求其推定。反致原则，既为晚近之产物，故当一国法律于此无可据之佐证时，应推定其尚未采此原则，较为合理。

辛：法律适用条例第 26 条："法律行为之方式……依行为地法"。此行为地法之意义，应例外的先解释为行为地之实质法。盖此项规定乃渊源于"场所决定行为"（Locus Regit Actum）一国际习惯法上原则，其用意系使交易便捷，故当事人仅依行为地之实质法上所规定之方式，即足使其行为有效也。所成问题者，法律行为之方式，苟依行为地国际私法所转引之另一国实质法时，是否亦应认为有效？试举例说明之：依美国法，遗嘱惟依遗嘱人住所地法所定之方式，始为有效。[1] 今有在荷兰有住所之中国人，在美国纽约，依纽约邦法，用荷兰法所定方式订立遗嘱。中国法院于受理该遗嘱案件时，应否以该遗嘱未依纽约实质法所定方式而认为无效？此无效判决显将大悖情理，因该遗嘱自纽约法视之，因为具有唯一有效之方式，绝不应因偶然由中国法院受理而遽认为无效。由此足证：法律适用条例第 26 条所称行为地法，一方固得指行为地之实质法，同时亦应指行为地国际私法所转引之另一国实质法。如是解释，斯与促

---

[1] 参考 Wharton: A Treatise on the Conflict of Laws, 3ⁿᵈ Edition, Vol. II, §585, 1905, p. 1304。

进交易便利之用意相合。至于该条但书所称："规定行为效力之法律"，则仍应依"全部法律转引"之一般原则，而不应解为实质法之转引。

壬：法律适用条例第23条规定：债权关系依当事人意思定其应适用之法律。此处所称"法律"，除当事人有反对表示外，原则上应指一国之实质法，而非全部法律。盖此处正以当事人之自由选择以代替国际私法之转引也。至于债权关系之准据法，苟系由法律所规定，如该条第二项以下，则仍应依"全部法律转引"之一般原则，予以解决。由国际条约择定准据法者，除另有反对表示外，亦应解为实质法之转引，理由与债权关系之由当事人自由选择其准据法者相同。

六、结论

总结言之，反致肯定论认定法律国际的和谐为国际私法之目的，而以"全部法律转引"原则为其工具。此方法之运用，须视各相对国法律于反致所持不同立场，而各异其实际解决。论者或谓此种个别解决方法，乃利于相对国之否定反致或不完全肯定反致，而不利于相对国之完全肯定反致，推其极端言之，兹所谓肯定论正建筑于相对国之否定论上。对此批评，吾人之答复为：国际私法之存在，原由于各国私法之相异。国际私法既承认此相异之现实，斯进而求致法律的国际和谐。此相异之现实，不仅限于各国实质法，即于国际私法亦然。反致原则之存在，固即由于各国国际私法之相异。准是以言，反致肯定论既以承认此现实为前提，则其承认相对国之得采取反对论，固亦不足为病，何况因此承认，反致原则更进而求致法律国际和谐之目的，实尤足证其逻辑之健全。至于当相对国亦完全肯定反致时，肯定论者即不继续执着其原有工具——"全部法律转引"原则——之绝对性，而另由填补法律空隙原则以达到其法律国际和谐之最终目的，更足显示其不为形式逻辑所桎梏而惟实质公正之是求。

三十七年六月二十八日 [1] 写定于北京大学

红楼法律系研究室

---

[1] 即公元 1948 年 6 月 28 日。

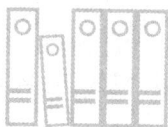

自　传

　　我姓费名青，号图南，又号仲南，更用过笔名"胡冈"，于1907年出生在江苏省吴江县[1]同里镇。先世原属地主阶级，但在父亲幼年，家里已十分穷困。父亲靠了亲友的帮助才受到教育。前清末年他考取公费留学日本，接受了当时的旧民主革命思潮，在辛亥革命中更参加了本乡的实际革命运动。此后，他便致身于教育工作，一直到现在。母亲也受过当时的新教育，在本乡创办第一所幼稚园，我所进的第一个学校便是这所幼稚园。我五个兄弟姊妹便靠了双亲的薪水所入，养育成人，并都受了很完备的学校教育。所以，我出生的家庭成分是属于很典

---

[1] 现为苏州市吴江区。

型的由地主阶级没落而转变成的小资产阶级中的知识分子阶层。这个阶级和阶层成分基本地影响了我此后的思想意识。此外，我从幼年开始起就患有慢性支气管炎症，俗语所谓气喘病。这个痛苦、麻烦，无法根治的老毛病不仅时时阻碍着我的行动，并且也多少影响了我的思想意识。

一　少壮时期

在"五四"运动那一年，我刚入苏州的江苏省立第二中学校，跟着同学们，尤其是跟着我的大哥，很兴奋地，但还不很清晰地，参加了那次运动中的许多街头演讲等活动。从那时起，我开始具有政治意识，先是爱国主义思想。

1924年我进了苏州唯一的教会所办的大学校——东吴大学。最初我进的是医预科，但下一年所爆发的"五卅"运动和跟着到来的大革命改变了我学医的原定计划。我那时参加了学生会和其他学生革命团体的许多活动，创办过工人义务夜校（这所夜校名称"平成夜校"，24年后我生我第一个男孩，就取名"平成"来纪念那所夜校），帮助过苏州城外纱厂工人的罢工运动，更接触到了许多革命先进人士，像恽代英、萧楚女、侯绍裘等。

1926 年暑假，我被举为江苏省的学生代表，秘密地去广州参加第八届全国学生代表大会，看到国共合作中的革命高潮和北伐进军的盛况。那次代表大会的代表，在闭会后回去本省，很多受到反动军阀的迫害。我也受到孙传芳的秘密通缉，不能再返苏州，不得不转学到上海租界上的东吴大学法科。在这里我和同学们发动了收回教育权运动，推翻了美国人在东吴法科里的校政权。

以上简要叙述的是我一生自有政治意识后的一个时期，可说是少壮时期。在这一时期，我虽有热烈的革命行动，但对于革命理论仅有很肤浅的认识。小资产阶级的思想意识使我的革命行动也不会彻底。我虽有很多革命朋友，并且常和他们一起行动，但始终没有加入政党，虽也遇到反动势力的迫害，但最后终是躲避。所以，当 1927 年蒋介石反动派在上海嚣然发动血洗的"四·一二"大反叛时，我也因学校当局暗中诬告而被反动政权列入学生的黑名单中，我起初虽还冒险找寻到革命朋友的联系，但在当时大环境的极端恐怖，和学校里小环境的权诈的缓和下，我终于失掉了革命联系，自己也就逐渐深埋到书堆里，只想求到一点专门知识，以为将来终会有用处。这样便结束了我的少壮时期，而转入了第二个时期——落后时期。少壮时期若还遗留给我一点可宝贵的东西，那便是我此后对于蒋介石反动政权的极端憎恶，对革命朋友的怀念。这点可宝贵的根苗在此后第三个时期中还发生了积极作用，这是后话。

二　落后时期

在第二个时期——落后时期——里，我的小资产阶级知识分子性格得到更大发展，在东吴法科里所学到的主要是西洋的法学，有关政治的至多是西洋旧民主的一套公法理论。在思想上，我因为厌恶当时国民党反动政权，甚至进而厌恶政治本身，至少认为政治应该受制于法律，而法律则应该以抽象的公平观念为鹄的。在当时教师中，我欣赏过吴经熊写得非常漂亮的英文法学文章，也敬佩过张君劢敢于在宪法课上痛骂当时气焰正盛的国民党政权。至于他们的政治立场怎样，则非我所屑顾问了。

我在东吴法科念书成绩很不差，所以在1929年毕业时便由学校当局推荐到四川新改为国立的成都大学任教。这个大学便是后来四川大学的前身，当时由张澜做校长。我在那里教的是国际公法、罗马法和英美法等课程。我教书当然很用功卖力，已教了一半年，学生突然不上我的课了。一打听，才知道因为他们不满于我没有出洋留过学。这提示给我当时的一条规律：要在大学里教书必先出洋留学。

1931 年我回到上海，一方面执行律师职务，同时在暨南大学教课。这里值得叙述的是我办了几件辩护共产党人嫌疑犯的案件。当时国民党政权对共产党人的迫害是穷凶极恶，并且是不经过普通法院审判的。但在上海租界上，为了取媚于帝国主义者，凡被捕的共产党人嫌疑犯必须先在租界上的特区高等法院分院过一下堂，然后提交国民党政府。可是这个所谓过堂也只是形式罢了，通常更不会有律师敢于认真地替这种案件的被告辩护。我那时还是一个初出茅庐、天真未凿的小律师，更怀着对国民党政权的仇恨和过去革命朋友的系念，却真的不顾自己死活地替他们辩护起来。

记得一个案件里——这案件是由从前苏州一位革命朋友，现任上海江湾中学校长，刘秉彝所介绍——有一个小学校长和两个教员以共产党人嫌疑犯被捕，国民党方面弄出来一个假证人，自称是已经自首的共产党人，他的唯一证言是曾和这三个被告在他们小学校里开过几次共产党人的秘密会议。我那时明知这证人是假的，可能他还没有到过那所学校。我就当庭先请求法官命令那个证人把他所自称曾去过几次的那所小学堂的位置和房子格局简单地画个图样出来，然再命令那个曾在那所小学堂拘捕被告们的巡捕——当时租界上警察的称谓——也另自画出那所学校房子的图样。当时那个法官可能猝不及备地没有想到我的请求的用意，或是他真的相信那个证人曾去过那所学校，所以他竟然依照我的请求而命令他们。结果是两个人画出来的房屋图样完全不同。这就毫无疑问地证明那个证人从未去过那所学校，更没有在那里开过共产党会议，从而不能证明那三个被告是共产党人。我的理直气壮的简短辩护引起了全堂的肃然注意，国民党政府人员的怒目相向和法官的尴尬为难。他支吾其辞地勉强开释了一个较年轻的被告，但仍把另外两个被告毫无理由地交给国民党政府人员带走。这一个被告的开释，据说是空前绝后的。律师朋友更劝我以后不要再如此天真，不然就会遇到危险。

这时（1932年初），爆发了上海十九路军对日本帝国主义的英勇抗战。律务和教课均告停顿，我绕道浙江回家乡，想在那里举办民团，经苏州时和张一麐、李根源等规划，回吴江后将这个计划和县长商量经费。但不久我即大发喘疾，且因乡间缺少医药，病的很重，一拖便是几个月。这时上海战事已经结束，我的病却难复健。这年初冬，我遵医生的指示去北平易地疗养。翌年健康稍稍恢复，就在北平朝阳学院教课，同时在北平晨报馆当国际新闻栏编辑。这时，张君劢在北平办《再生》杂志，以从前师生关系要我写文章，我在这杂志上发表过几篇译稿，如"中日（甲午）战争目击记"等。同时也在《大公报》副刊上发表些文艺性小品文。

1933年夏，我参加留英公费考试，没有成功。翌年夏再参加清华大学留美公费考试，竟然考上了。取的是国际私法一门。我因为英美法系和我国法系太不相类，所以特别请求转赴德国。这请求被允准了。此后一年先在清华大学预备德语和搜集国际私法资料。1935年夏去德国，入柏林大学研究国际私法和有关学科。这时德国正处在希特勒的疯狂和傲慢的统治下，在那里留学的中国学生大部分是国民党派去的党棍子，这些都加深了我对于政治现实的厌恶。在德国的两年半中，我经常独自一人埋头在书堆中，有时独自一人漫游在深山穷谷中。国内外的政治大动向我但愿不问不闻。"七七"事变迫着我去读报。喘病的不时纠缠，虽经柏林大学医学院的冗繁治疗，但无法根治，也是使我悲观消极的一个原因。

1938年春，我自德东返，先在苏门答腊和槟榔屿修养了半年多，想在热带把我的喘病养好。到秋季取道安南返昆明，在西南联合大学和云南大学任教。最初身体很好，每星期担任了二十多小时的教课。也在这个时期，我和早在六年前在北平认识的叶筠女士结婚。但昆明海拔过高，气压极低，对于喘病很不适宜。所以经过一个雨季后，我的喘病又逐渐加重。到1940年夏，日本飞机开始轰炸昆明，而当时喘病的严重程度已使我无力跑警报。因此，学校校医力劝我赶快离开昆明。同时，上海东吴大学法学院（即法科）正来信要我回母校主持法律系。我那时有这样一个错误估计：我认为日本不敢进攻英美，因而上海租界上还能够照旧教书。这几个原因使我倏忽间就决定离昆明回上海。现在回想起来，初时的错误估计正是我十三年来厌恶政治不问政治的错误思想的日益发展的必然结果。这个错误思想不仅使我对世界政治的大动向漠不关心，从而丧失了对它做任何准确估计的能力，甚至把上海租界早是帝国主义者的共同劫持物这一事实，置诸脑后，而盲目从着当时国民党区流行的看法，以为英美真会帮助我们抵抗日本，从而上海的英美租界还是抗战的一个根据地。

1940 年秋，我带着家眷取道安南回到上海，在东吴大学法学院教书兼任法律系主任。喘病每因易地可以好些，这次我从高原迁到海滨，最初确有沉疴顿释之感。父亲原来在上海寄居亲戚家，就接到一起住。久别的亲友重逢，远离的旧地重游，一时苟安的温暖，更麻醉了我早近麻木的政治意识。但麻木是不会持久的，只需有足够强的外来刺激。这刺激不久便突然到来，这就是 1941 年 12 月太平洋战争爆发的一声炮响。这炮响震醒了我的迷梦，一年半来苟安的迷梦，十多年了厌恶政治不问政治的迷梦。这炮响警告我必须在政治立场上有所抉择：不是走向光明，便会沦入黑暗，超然是不可能的。我当时下了大决心，要痛改前非，要振作起精神志气，要有计划地逐步走向光明。这样，我便结束了我一生中的第二个时期，也是落后时期，而开始逐步进入我第三个时期，也是前进时期。

三　前进时期

上海租界是沦陷了，东吴法学院的校址被日军占领了。院长不久后便不负责任地独自离上海，把学校善后的重担交给我和安绍芸、曹杰几位同事。那时学校里有三百多个学生，二三十个教职员。我们先约了学生代表、全体教职员和几位热心的校友，共同商定方针。我们当时决定：凡是可能离开沦陷区去自由区的教职员学生，我们鼓励和帮助他们陆续离去；对于事实上不能离去的，我们办补习班，一直到日本人来干涉时结束。我们组织了一个委员会来主持这个补习班；我被推为教务长，事实上责任最大。事后证明这个决定是比较准确的，因为日本人于发动太平洋战事后一直就忙于军事，来不及顾到在上海像我们这样的教育团体。我们虽碰到很多像校址、经费等的困难，但在师、生、校友三方面的合作下，均能随时解决。

这个补习班后来一直继续到抗战胜利，重新并入东吴大学法学院。

我在补习班已上轨道后就计划重返内地。因当时去内地的路程已十分难行，老父病妻不能同去，先须设法安顿。我自己的喘病又常发，请中医诊治，又费了很长时间，才自信能赶远路。1943 年 9 月我终于冒险地离开上海，经由蚌埠、界首、洛阳、宝鸡等地，于两个月后到达重庆。一路上看到战时民间的疾苦，国民党军人的横暴，更遇到几次危险，这一路程对我不啻是一个锻炼。

到重庆稍事休息后，便应复旦大学之聘，任该校法律系教授。在这里重新接触到了进步的师生，像从前的老师张志让等，开始对于国内外政治大动向逐渐有所认识，更自愧十几年来的昏聩迷梦。例如皖南事变这样的大事，我到这里才第一次听到。那时复旦大学里的政治斗争在暗底下很是尖锐，我初到那里当然还摸不清楚，遇事只是仗义执言，可就遭了国民党学生之忌。后来因法律系主任戴修瓒住在中央大学，校方叫我事实上代理系务，系里的国民党学生就借故向我攻击起来。我据理回击，要求校方把系里一个当全校三青团书记的学生开除学籍。这件事使校长很为难，据说一直闹到三青团特务头子康泽那里，校长还受到申斥，到我离开复旦，才不了了之。接着又发生三青团教员陈某玩忽职务溺毙学生案，法律系进步师生就依据当时法律向他控诉。我在复旦两年，好像进了一所政治补习学校，把我少壮时期的政治热情重新唤醒了。在这段时期里我曾写过关于人权的文章，发表在张志让所主编的《宪政》杂志。

1945年8月抗战胜利。我先已屡次接到西南联大（北京大学）的信，要我回去。这时预计各校不久即将复员原址，而我特别向往着北京，所以就决定先回昆明，再跟北京大学复员北京。是年9月，我回到昆明，任西南联合大学（北京大学）法律系教授。这时的西南联大又正是政治斗争日趋激烈的一个中心。教授方面尤其阵容分明，各有出版物。国民党方面正在学校内外加强压力，但进步的学生教员也反抗得更厉害，终于形成"一二·一"惨案。我这时经常在《民主周刊》《时代评论》等进步刊物上发表文章，主要是支持学生运动，反抗国民党政府的压迫摧残和抨击国民党所草拟的所谓五五宪草。我最初用笔名"胡冈"，为的是当时法律系是校中反动派的一个中心，教员尤其如此，所以我想尽可能避免在系内和同事们摩擦。但摩擦是无法避免的，所以后来还用了真姓名。当时我所来往的朋友大多是民盟分子，但我自己却还认为无进入团体的必要。

1946年夏，我跟学校分批复员北京。途经重庆时听到闻一多在昆明被刺杀的噩耗。当时北平正是国民党政权接收后气焰方盛的时候，各大学经傅斯年、陈云屏的事先摆布，反动势力更是弥漫。但进步的学生教员仍不断地发动了反迫害、反饥饿等运动。进步教员多用个别签名方式发表反抗国民党政权的宣言，内中几次是由我所起草和征集各校令人签名的。后来更组织教授联谊会，加强进步教授的团结。对于被迫害的学生，我尽可能营救、辩护、资助。有些进步的学生，在北京的和从上海来的，我曾替他们找联系上解放区去。

当蒋介石意图制定伪宪，张君劢开始帮凶，张因为读过我在报章杂志上所发表过讨论宪法的文章，曾来电找过我去帮他搞宪法。我回信严词拒绝，警告他不要做将来历史上的罪人，更希望他能悬崖勒马。几年来我和张君劢的师友私谊至此断绝。

这里应该叙述一下胡适来做北大校长后对我和其他进步教授的阴毒压迫，他来的时候正发生了美兵强奸北大女生沈崇案。沈崇家长先由袁翰青伴同来找我，我们详考法律政治各方面商定了应付的办法。这时胡适深知这案件会在政治上引起重大影响，就以沈崇的监护人自居挺身而出，同时以法律系教授们组织了一个法律委员会，而单单把我的名字除去。这样他既居负责保护学生之名，复可控制这个案件不让它对国民党和美帝国主义太不利。果然，当这个美兵最后由美国政府宣告无罪而释放，胡适就说这是美国法律问题而不是我国人所应顾问了。

另外一件是：我们几个进步教授那时正办一个刊物——《中建北平版》，是现在《新建设》的前身——因为这刊物是以当时还是国民党党员王艮仲做掩护的，所以虽是内容不利于国民党政权，而国民党政府起初却没有注意到。胡适明明看见这刊物里的文章多是北大教授写的，却特地打电话给当时北平的警备司令陈继成，叫他注意这个"一定是共产党办的刊物"。这话是后来陈继成亲自告诉王艮仲的。不久这刊物就为国民党政府勒令停刊。这事可见胡适手段的阴险毒辣。

我的第三个时期——前进时期——是结束于1949年春北平的解放。在这个时期里，我的思想比上一时期提高了一点：我重新认识了政治的重要，已抛弃了超政治的观点，同时对于国民党政权已由消极的厌恶进到积极的反抗，并且不仅如此想，还如此做。这一点提高应归功于许多进步朋友，尤其是进步的青年学生们。但是，所谓提高也就以此为止。至于将来政治究竟应该怎样，还是茫然；解放区的情况，除了传闻的一鳞半爪外，余无所知。毛泽东、朱德的名字是听到了，但是毛泽东思想是梦想都没有梦想到，连一本《新民主主义论》都没有机会读过。这一方面果然是国民党政权封锁思想政策的结果，但另一方面也因为我并没有努力追求过要知道。所以，我在这一时期的思想和行动，由今看来，依旧只是小资产阶级知识分子的性格的另一种表现而已。

四 学习时期

北京的解放使我感到好像突然踏进了一个从未想象过的新天地中。解放军的雄伟，共产党人的浑厚诚朴，马列主义毛泽东思想的博大精深而又平近踏实，一一震撼着我整个旧有的思想意识。"日月出矣，爝火可熄"，这是我开始进入第四个时期——学习时期时的心情。我决心丢掉我的旧包袱，但还不知道怎样丢法，我愿意接受新的立场、观点和方法，但还不知道如何学习。解放后一年中，我独自乱冲乱碰，主观上觉得很努力，工作很忙，客观上则工作无计划、无步骤，成就一无，更不知犯了多少错误。结果是害了一场大病——肺炎、肋膜炎，转成肺脓疡——卧床一年半，于公于私，造成极大损失。现在病是慢慢地有了起色，静中思过，细细检讨过去一生中种种错误，主要还是知识分子自由主义性格在作祟。为了想依靠集体的力量逐渐克服这些错误，进而能真诚地为人民服务，我现在请求加入民主同盟。

1951 年 12 月 6 日写完

费青